Andreas Heinzel

DAS KLEINE
FRANKFURTER WEIHNACHTSBUCH

ISBN 978-3-948987-62-6
Copyright © 2022 mainbook Verlag
Alle Rechte vorbehalten
Covergestaltung: Olaf Tischer
Covermotiv: © lukbar/istock

Auf der Verlagshomepage finden Sie weitere spannende Bücher:
www.mainbook.de

Das Buch

Zwei wildfremde Menschen, die an Heiligabend im Fahrstuhl steckenbleiben. Ein Kind, das mit besten Absichten fast einen Mann ums Leben bringt. Und eine Rocklegende, die die Chance auf ein einmaliges Comeback bekommt. Eine alte Dame findet ihre Jugendliebe wieder, ein Zwölftklässler erhält ein unvergessliches Weihnachtsgeschenk und ein Student wird als Weihnachtsmann gecastet. Das alles und vieles andere mehr erzählt Andreas Heinzel in seinem kleinen Weihnachtsbuch. Geschichten, die das Herz erwärmen und Lust auf das Fest der Liebe machen.

„Wie konnte Frankfurt in der Weihnachtszeit nur so lange ohne dieses Buch auskommen? Für mich gehören die anrührenden, lebensnahen, überraschenden und wundervollen Geschichten von Andreas Heinzel ab jetzt genauso dazu wie der zauselige Christbaum vor dem Römer."
Tim Frühling

Der Autor

Andreas Heinzel wurde 1962 in Frankfurt am Main geboren. Nach dem 2016 im Mainbook Verlag veröffentlichten Romandebüt *Die Monarchos* folgte mit der schrägen Provinzposse *Herr Neumann will auf den Olymp* drei Jahre später sein zweiter satirischer Roman.
Zu den Anthologien *Ein Viertelstündchen Frankfurt 3 und 4* trug er Kurzgeschichten bei und war 2020 Mitinitiator des literarischen Online-Projekts *Der Nächste, bitte!*, an dem sich 17 bekannte Autorinnen und Autoren beteiligten.
Nach dem 2021 erschienenen Band satirischer Short Storys *Eine Stadt dreht durch* legt er mit *Das kleine Frankfurter Weihnachtsbuch* seine zweite Sammlung Kurzgeschichten vor.
Andreas Heinzel hat zwei Kinder und lebt mit seiner Frau in Frankfurt.

Für alle, die noch an den Zauber der Weihnacht glauben.

INHALT

SUZIE AND THE HANDCHEESE

Elke drückte die knarzende Holztür zum Garten auf und stapfte in ihren ausgelatschten Chucks durch den Kies. Der Eimer mit den Weizenkörnern und den darunter gemischten Küchenabfällen war verflixt schwer und zog sie zur Seite, das war kein Spaß für ihre kaputte Hüfte.

Gleich hinter dem Haus, an dessen efeuberankten Mauern der Putz abplatzte, war bereits mächtig Leben in der Bude. Jagger hatte sie vor einer guten Stunde viel zu früh geweckt, doch sie nahm es ihm nicht übel, das war nun mal sein Job, eigens dafür hatte sie ihn sich zugelegt. Elke öffnete das Gatter, dessen Drahtgeflecht sie bei Gelegenheit ausbessern musste und schippte zwei, drei Kellen des Futters auf den Boden. Die Hühner hatten sie bereits erwartet und staksten kopfnickend auf sie zu.

Während sich die Damen gierig über das Frühstück her machten, steckte Elke den Kopf ins Hühnerhaus und entdeckte im Stroh zwei braungesprenkelte Eier, die ihr, die Vermutung lag nahe, Madonna und Cher zum Dank für ein sorgenfreies Leben hinterlassen hatten. Tina und Janis, die alten Hennen, die sie noch von ihrem Vorgänger übernommen hatte, legten hingegen nur noch selten, aber Elke focht das nicht an. Es ging ihr nicht um die Eier, sie hatte Freude an den Viechern, daher durften sie bis ans Ende ihrer hoffentlich noch langen Tage im Stall nach Körnern und Gemüseresten picken. Eines Morgens würde Elke sie im Sand liegend vorfinden, genau wie Joni, die im August vergangenen Jahres an Altersschwäche gestorben war. Sie hoffte nur, dass ihren Hühnern ein Ende wie das von Cocker erspart blieb, diesem Prachtkerl von einem Hahn, der plattgedrückt auf dem Kühlergrill eines Sattelschleppers das Zeitliche gesegnet hatte, oben an der Hauptstraße, auf der es mehr Verkehr gab als es einem flugunfähigen Federvieh guttat. Eitel und launisch wie sein Vorgänger, war Jagger ihm ein würdiger Nachfolger geworden. Elke hatte ihn gleich am Wochenende nach Cockers tragischem Unfall von einem Bauern in der Wetterau gekauft, denn einen Hahn im Korb brauchte ein Hof nun mal, davon war Elke überzeugt, und war dieser auch noch so klein wie der ihrige.

In der Werkstatt schräg gegenüber, dessen mürrisch wirkender Besitzer vor ein paar Monaten zwei verfallene Stallungen des alten Bauernhofs angemietet hatte und dort an sechs Tagen in der Woche alte Kisten wieder flottmachte, war um diese Uhrzeit noch nichts los. Kowaljow kam pünktlich um acht Uhr dreißig und schraubte in der Regel bis in den späten Abend hinein in den Eingeweiden der maroden Kundenfahrzeuge herum.

Elke streckte sich, gähnte mit weit aufgerissenem Mund und ließ sich die aufgehende Oktobersonne ins Gesicht scheinen. Sie genoss die wärmenden Sonnenstrahlen, die letzten Grüße des sich verabschiedenden Sommers, danach würde es wieder für lange Zeit kalt, nass und dunkel werden und, wie jeden Herbst, begännen mit zunehmender Feuchtigkeit ihre Gelenke zu schmerzen. Altweibersommer wurden Tage wie diese genannt. Nun, sie war ein altes Weib, daran gab es keinen Zweifel, demnach war es ihr Sommer, damit konnte sie gut leben, sehr gut sogar.

Als sie im Begriff war, ins Haus zurückzukehren, kam ein Wagen langsam und vorsichtig den kleinen Weg von der Hauptstraße hinuntergefahren, gerade so, als suchte er etwas oder wäre sich nicht sicher, richtig abgebogen zu sein. Ein Saab mit matt verwitterter weinroter Lackierung. Einer von Kowaljows Problemfällen, vermutete Elke und öffnete die

Haustür, als der Fahrer zu hupen begann. Sie wandte sich um, hielt die Hand schützend vor die Augen und versuchte, gegen das blendende Sonnenlicht das Gesicht des Fahrers zu erkennen. Ein Mann, graue Haare, Sonnenbrille, der nun anhielt, den Motor abstellte und ausstieg. Wie es aussah, wollte der Typ gar nicht zum Russen. Nein, offensichtlich wollte er zu ihr.

Elke ging auf ihn zu, bis das Dach der Werkstatt die Sonne verbarg und sie den Fremden deutlich vor sich sah. Nein, dachte sie, das war unmöglich, das konnte er nicht sein. Olli lebte irgendwo im Süden, zumindest war das die letzte Information, die sie vor ein paar Jahren von ihrem Manager erhalten hatte.

„Hallo Suzie", sagte der Grauhaarige und trat mit geöffneten Armen auf sie zu.

„Petzer?", fragte Elke ungläubig zurück. „Oliver Petzloff?"

Der Grauhaarige lächelte und nahm die Sonnenbrille ab. „Besser so?", fragte er.

Kein Zweifel, der Mann, der vor ihr stand, war derselbe Mann, mit dem sie zusammen die Bühne geteilt hatte, irgendwann vor vielen Jahren, in einem anderen Leben. Er hatte noch immer diesen warmen, freundlichen Blick, doch waren seine Augen müde geworden. Auch an ihm war die Zeit nicht spurlos vorübergegangen.

„Mein Gott, Petzer. Das nenne ich mal eine Überraschung. Was machst du hier? Willst du zum Russen? Der ist noch nicht da", sagte Elke.

„Russe? Welcher Russe? Nein, eigentlich war ich auf dem Weg zu dir."

„Zu mir? Warum?"

„Komm, lass dich erst mal umarmen. Ist lange her, ne."

Petzer trat einen Schritt näher und nahm Elke in die Arme. Er roch nach kaltem, französischem Rauch, ein vertrauter Geruch, Petzer hatte niemals anders gerochen.

„Hier lebst du also", sagte er und betrachtete das in die Jahre gekommene Backsteinhaus. Von den Fensterläden platzte die jägergrüne Farbe ab, an einem Fensterbrett hatte sich vor Kurzem erst eine Ecke gelöst und offenbarte eine frische steinerne Wunde. Die Dachrinne über der Haustür war von flächigem Rost überzogen, was an einer Stelle bereits zu einem murmelgroßen Loch geführt hatte, durch das sich bei schlechtem Wetter das Regenwasser ins Blumenbeet darunter ergoss. Und der Efeu, den Elke an und für sich mochte, fraß sich mehr und mehr ins Mauerwerk, wo er langsam aber sicher dessen Substanz zersetzte. Es ließ sich nicht leugnen, dass das Haus renovierungsbedürftig war, doch um die notwendigen Maßnahmen in die Wege zu leiten, fehlte Elke die Zeit, das Geschick und, was sie nur ungern preisgab, auch das Geld.

„Nicht gerade ein Palast, ne." Petzers Stimme war mit den Jahren eine Oktave tiefer gerutscht und hatte einen torfigen, rauchigen Klang angenommen. Vermutlich eine Folge der vielen Selbstgedrehten, die er sich in jeder freien Minute auf Vorrat gedreht hatte. Hochprozentiges schloss Elke als Ursache aus. Weder zeigten die Wangen oder die Augen verräterische Rötungen noch roch Petzer nach Alkohol. Er hatte auch früher nur sehr selten etwas Stärkeres als Apfelwein getrunken, den allerdings häufig, und bei einem oder zweien blieb es in der Regel nicht.

„Mir gefällt das Haus. Und es ist meins", antwortete Elke und löste sich aus der Umarmung. „Aber vermutlich bist du nicht gekommen, um mit mir über meine Wohnsituation zu reden, oder?"

„Nein", lächelte der Grauhaarige. „Vielleicht hast du ja einen Kaffee für mich, dann erzähle ich dir alles."

Sie gingen ins Haus, wo es ähnlich chaotisch aussah wie in Elkes seit Jahren ungeordnetem Privatleben. In der Spüle der Küche, die sich gleich rechts des Flurs befand, türmte sich Geschirr: Gläser vor allem, nur wenige Teller, kaum Töpfe. Auf der Küchenanrichte thronte neben ein paar Teedosen und einem Holzbrett voller Krümel eine fette, getigerte Katze. Elkes halbherzigem Befehl, den Platz umgehend zu verlassen, folgte Sissi, die auf diesen Namen noch nie gehört hatte, mit blasierter Ignoranz.

Linker Hand des Korridors ging es zum Wohnzimmer, in das Elke nun ihren alten Weggefährten bat. Auf dem Esstisch zwischen dem Fenster und dem zum Fernseher ausgerichteten Sessel lagen stapelweise Tageszeitungen und Magazine, manche davon mit bunten Klebestreifen versehen. Hinter jedem der Streifen verbargen sich Artikel, die Elke aus nicht mehr nachvollziehbaren Gründen interessiert hatten und die sie zu einem späteren Zeitpunkt noch lesen wollte. Die Exemplare, die auf dem Tisch keinen Platz mehr fanden oder zu den ältesten Archivstücken zählten, lagerten vor den Bücherregalen oder auf dem Teppich neben dem Sofa.

Was Petzer als Erstes ins Auge stach, war die Tatsache, dass Elke kein einziges Bild aufgestellt oder aufgehängt hatte. Weder Aufnahmen von Elke selbst noch von ihrer Familie, so sie denn eine hatte, wovon auf den ersten Blick nicht auszugehen war. Keine einzige Urlaubserinnerung mit Freunden und schon gar keine Bilder von einem ihrer Auftritte. Nicht ein Foto, das sie auf den Bühnen in Offenbach oder der Jahrhunderthalle zeigte, keins von *Rock am Ring* oder einem der vielen Festivals im Ausland. Petzer hatte Fotos von ihr mit den Stones, mit Udo, mit Freddy und den Scorpions. Keins davon war zu sehen, auf keines schien Elke Wert zu legen. Dabei hatte sie mit so vielen wirklich Großen auf der Bühne gestanden und nach den Zugaben mit ihnen im Backstage Bereich gefeiert – und das beileibe nicht zu knapp.

„Das ist also deine Wohnung", stellte Petzer fest.

„Dachtest du, ich würde bei den Nachbarn einsteigen, um dir Kaffee anzubieten?" Sie kehrte mit zwei Tassen aus der Küche zurück und sah den Grauhaarigen wartend an, bis Petzer endlich begriff und die Zeitungen, die den Tisch blockierten, zur Seite räumte.

„Sieht nicht gerade wie die Wohnung eines Rockstars aus, ne."

„Ich bin kein Rockstar."

„Stimmt, du bist eine Ikone, Suzie."

„Und ich bin auch nicht Suzie, ich bin Elke."

„Aber du warst Suzie."

Elke schlürfte an ihrem Kaffee und lächelte. „Das war in meinem ersten Leben. Heute füttere ich Hühner und bin glücklich."

„Warst du es damals nicht?"

„Doch, die Zeit war großartig. Wir hatten sehr viel Spaß."

„Und ob wir den hatten, ne", antwortete Petzer.

Oliver Petzloff, dessen Spitzname nicht von seinem Nachnamen herrührte, sondern von der Tatsache, dass er einen Schoppen wie kein zweiter trinken ... *petzen* ... konnte, war Anfang der Achtziger Jahre Schlagzeuger in Elkes Band Suzie and the Handcheese gewesen.

Der Name war die Hommage an eine von Elkes Lieblingsbands, eine Punkband aus London, gewesen. Gemeinsam mit dem Gitarristen Björn Meinert und dem Bassisten Dave Whitehead spielten sie Musik, die sie selbst als Hessenpunk bezeichneten. Sie hatten sogar einen richtig großen Hit, für den sie Mitte der Achtziger Jahre eine goldene Schallplatte bekamen. *Laber ned!* landete in den deutschen Hitparaden ganz oben und schaffte es als *Stop that shit!* auch völlig überraschend bis auf Platz vier der britischen Charts – der einzige Erfolg der Band auf der Insel.

Als die Frankfurter Studios in den Neunzigern allerdings dazu übergingen, ebenso tanzbare wie eintönige Discohits zu mischen, bedeutete das für den Punk aus Bockenheim das Aus. Die letzte Single der Band, *Ich lach mich schepp*, erreichte nicht einmal mehr die Top 100 der deutschen Hitparaden und wurde kaum gespielt. Folglich verschwand die Platte direkt in der Versenkung, und die Band gleich mit ihr mit. Und so überraschte es niemanden, als Elke nach der letzten, wegen der geringen Nachfrage in kleine Hallen verlegten Tour das Ende von Suzie and the Handcheese verkündete.

„Also gut, raus mit der Sprache: Warum bist du hier?", fragte Elke und beäugte den Gast auf dem Sofa. „Ich möchte dir einen Vorschlag machen, den du nicht ablehnen kannst, ne", antwortete Petzer mit heiserer Stimme.

„Da bin ich aber mal gespannt. Erzähl."

„Was hältst du davon, wenn wir uns noch einmal zusammentun und ein letztes Mal richtig abräumen?"

„Davon halte ich gar nichts."

„Kein neues Album, Suzie, keine Tournee, nichts dergleichen. Ein einziger Song, das war's."

„Du glaubst doch nicht allen Ernstes, dass wir nach mehr als dreißig Jahren aus dem Nichts heraus eine neue Platte aufnehmen, und dass das am Ende auch noch ein riesiger Erfolg wird, weil die ganze Welt nur auf eine Reunion von Suzie and the Handcheese gewartet hat?"

„Genau das glaube ich, ne", sagte Petzer.

Elke stand auf, pustete in die Kaffeetasse und sah aus dem Fenster. Kowaljow war in der Zwischenzeit eingetroffen und steckte bis zur Nierengegend im Motorraum eines Volvos. Die ölverschmierte Hose des Russen hing auf halbmast. Kein schöner Anblick, schon gar nicht am frühen Morgen.

„Wir schreiben einen Weihnachtssong, Suzie. Auf hessisch."

Zwei Stunden später klingelte der Pizzabote an der Haustür, Elke nahm die Kartons entgegen und schleppte sie ins Wohnzimmer, wo sich ihr Schlagzeuger selbstzufrieden auf dem Sofa fläzte. Petzer hatte ihr in aller Ausführlichkeit berichtet, dass die Kelterei Höhlmann zu einem Song Contest, wie es heute so schön hieß, aufgerufen hatte und dabei nicht nur fünfzigtausend Euro für den Sieger springen lassen, sondern auch die Kosten der Produktion übernehmen würde. Als Schirmherr der Aktion hatte sich die *Hitwelle Frankfurt* zur Verfügung gestellt: Der Radiosender versprach, den hessischen Weihnachtssong in *Heavy Rotation* zu nehmen und ihn zwischen zwanzig und dreißig Mal pro Woche zur besten Sendezeit zu spielen, sodass er im günstigsten Fall auf Platz eins der deutschen Charts klettern würde. Das zumindest war der Plan.

Es verstand sich von selbst, dass Apfelwein zumindest eine Statistenrolle im Songtext übernehmen sollte, ansonsten gab es keine weiteren Auflagen des Sponsors zu erfüllen. Die Wahl des Sieger-Demos oblag dem Radiosender, der plante, den Siegertitel durch das Votum einer Fachjury sowie einer Online-Abstimmung der Hörer zu küren.

„Und bis wann brauchen die den Song?", fragte Elke.

„Bis zum einunddreißigsten Oktober. Wir haben noch vier Wochen."

„Ich weiß nicht, Petzer. Wir haben ein halbes Leben lang keine Musik gemacht."

„Ich schon. Während du aufs Land gezogen bist, habe ich die ganze Zeit als Studiomusiker gearbeitet, ne. Ich bin voll im Geschäft, Suzie."

„Und warum willst du eine Leiche beatmen, wenn du so viel Erfolg hast?"

„Leiche beatmen", lachte Petzer und kramte den Tabakbeutel aus der Tasche. „Das ist gut, Suzie, das trifft es auf den Punkt, ne. Darf ich?"

„Nicht hier, Petzer. Lass uns rausgehen."

Draußen war es bereits angenehm warm geworden. Elke und Petzer saßen auf zwei Küchenstühlen, die sie vor die Tür gestellt hatten. Petzer blies langsam und gleichmäßig den Rauch aus der Lunge und starrte auf die abgewetzten Lederschuhe, die aus der schwarzen Jeans hervorlugten.

„Seit wann weißt du es?", fragte Elke.

„Drei Wochen", antwortete Petzer. „Eine Routineuntersuchung. Ich dachte, sie hätten mich vielleicht verwechselt, denn mir geht's gut, wirklich gut. Keinerlei Beschwerden. Haben sie aber nicht, ne."

Elke strich ihm beruhigend übers Bein.

„Vielleicht hab ich ja Glück, und die Therapie schlägt an."

„Das wird sie, Oliver, verlass dich drauf. Du weißt doch: Too old to Rock 'n' Roll, too young to die."

„Wir sind nicht zu alt für Rock 'n' Roll, Elke. Wir starten nochmal durch und landen in den Charts", antwortete Petzer und ergriff ihre Hand. „Wirst sehen, ne."

Als Petzer sie wenig später verließ und Elke dem alten Saab nachblickte, der langsam und fast geräuschlos um die Ecke des Hofs bog, begann sie zu weinen. Was für einen Unterschied ein paar Stunden ausmachen konnten. Seit Jahren hatte sie nicht mehr an den alten Schlagzeuger gedacht, und jetzt liefen ihr seinetwegen Tränen über die Wangen. Petzer war Teil eines Lebens gewesen, das Elke seit vielen Jahren hinter sich gelassen hatte, ein Leben, in dem sie Suzie war. Doch als er vorhin neben ihr gesessen hatte, fühlte sie sich ihm so vertraut, als wären sie nie getrennte Wege gegangen.

Nie hatte sie daran gedacht, dass Petzer sterben könnte, warum auch? Sie dachte nicht mal über ihren eigenen Tod nach. Wenn sie aus der Zeitung erfahren hätte, dass Petzer nach einem Schlagzeugsolo mit Herzversagen zusammengebrochen wäre, hätte es sie nicht gewundert. Eher unwahrscheinlich wäre hingegen gewesen, ihn in einem Hotelpool treibend aufzufinden, die weit aufgerissenen Augen auf den Grund des Beckens gerichtet, in der Hand die leere Flasche eines billigen Fusels. Aber Blasenkrebs? Welcher Rockmusiker starb denn auf der Onkologie einer Uniklinik? Nein, das war nicht das Ende, das sie sich für Petzers Eintrag bei Wikipedia wünschte, einen derart profanen Tod hatte er nicht verdient. Dann lieber mit einem letzten Nummer-Eins-Hit in Erinnerung bleiben.

„Hey Kowaljow", rief Elke. „Deine Hose hängt runter, ich kann deine Ritze sehen." Der Russe blickte auf und winkte ihr freundlich zu. Nach wie vor verstand er Deutsch nur in Bruchstücken, und wenn, dann ging es im Gespräch um defekte Auspufftöpfe und Zylinderkopfdichtungen, weniger um die Wahrung der Kleidungsetikette.

Vier Tage später kauerte Elke eingesunken auf der durchgesessenen Ledercouch im Eingangsbereich des Tonstudios, das Petzer für die Aufnahme des Demos gebucht hatte und überflog einen Songtext.

„Und?", fragte Petzer und setzte sich neben sie. „Wie findest du's? Wenn du etwas ändern willst, können wir das jederzeit tun, noch haben wir Zeit."

„Nein, nein, es ist okay."

„Okay? Also, wenn's nur okay ist, lassen wir's lieber gleich."

„Nein, ich meine, es ist gut, denke ich. Ich kann das nicht richtig beurteilen, Petzer, mir hat schon lange keiner mehr Lyrics geschrieben. Meinst du wirklich, das wird was?"

„Aber natürlich wird das was. Wir passen wie die Faust aufs Auge, Suzie. Wenn einer einen hessischen Weihnachtshit hinbekommt, dann wir. Willst du mal hören, wie ich mir das vorgestellt habe?"

Petzer bat Bernd, den Tontechniker, das Demo abzuspielen, das er ihm letzte Nacht hochgeladen hatte. Die Hand des Tonmanns fuhr mit der Maus über das geschäumte Pad und zielte mit dem Cursor auf eine der digitalen Tonspuren, die aussahen wie die in einem See gespiegelte, himmelblaue Silhouette einer Berglandschaft. Er bewegte den Cursor zum Anfang der Spur und tippte auf die Leertaste, woraufhin sich ein vertikaler Strich langsam und gleichmäßig nach rechts bewegte. Als die Marke nach einem ruhigen, akustischen Einstieg den Refrain und damit das erste Hochgebirge erreichte, wummerte Petzers unverkennbarer, klassischer Midtempo-Beat aus den Boxen über dem Mischpult. Dazu spielte die E-Gitarre ein paar leicht schiefe Riffs, die großartig klangen, und Daves Bass begleitete das Ganze mit einer typischen, ungewöhnlichen Tonfolge.

„Ich stelle mir das Ganze ein bisschen wie die Ärzte vor, weißt du, was ich meine? So ein richtig fetter Chorus, dass die Leute mitsingen können, ne."

Natürlich wusste sie, was Petzer meinte; es fiel schwer, bei dem Song stillzusitzen. Elke nickte mit dem Kopf, das Ganze klang wuchtig und gut tanzbar. Sie summte eine Melodie dazu und blickte wieder auf den Text, der mit einem Mal lebendig wurde, sich vom Papier zu lösen und mit der Musik zu verbinden schien. Petzers Zeilen passten gut zur mitreißenden Musik, die in voller Lautstärke durchs Studio schallte.

„Jetzt kommt die Bridge", sagte Petzer. Einem Dirigenten gleich gab er der Audiospur ein Handzeichen, und tatsächlich wechselte genau in dem Augenblick die Tonart. Als der Refrain ein zweites Mal erklang, sang er die Zeilen mit, die perfekt zu den wummernden Akkorden der E-Gitarre passten: „Weihnachten am Main. Sinn die Straaße weiß un' die Schoppe heiß, dann ham'mer Weihnachten am Main."

Der Schlagzeuger grinste zufrieden.

„Das wird gut, Suzie, ich sag's dir, das wird gut, ne. Willst du mal? Du kannst gleich reingehen. Bernd, passt das für dich?"

„Kein Problem. Suzie, wenn du magst? Ich wäre bereit."

Der Tontechniker wirbelte mit dem Cursor über den Monitor, kopierte dies hierhin und jenes dorthin und hatte in Windeseile eine Spur für den Gesang angelegt, die er unter *Suzie 01* auf der Festplatte sicherte.

Elke sah ihm fasziniert zu. Als sie vor ein paar Jahrzehnten ihre letzten Aufnahmen gemacht hatte, hantierte der Mann im Studio noch mit Tonbandsenkeln, die er wie durch ein Wunder auseinanderhalten konnte, obwohl sie einander wie ein Ei dem anderen glichen.

„Also gut, dann werde ich mal was versuchen", sagte sie, nahm den Songtext und ging in den Aufnahmeraum hinter der Glasscheibe. Sie setzte den Kopfhörer auf, stellte das

Mikrofon auf die richtige Höhe und sang ein paar Takte, damit Bernd den Lautstärkepegel einstellen konnte.

„Gib Bescheid, wenn du soweit bist", hörte Suzie Bernds Stimme über die Kopfhörer. „Es beginnt mit einem Auftakt. Du kannst sofort einsteigen", sagte Petzer, der neben Bernd hinter der Scheibe saß. „Wir geben dir einen Einzähler."

„Okay", antwortete Elke. „Kannst du's mir nochmal vorspielen?"

„Klar", sagte Bernd. Dann hörte sie die klare, gezupfte Gitarre, die die ersten Strophen begleitete und fast noch besser klang als über die großen Boxen im Studio. Als nach einer kurzen Verzögerung wieder die brachialen Gitarrenakkorde einsetzten, gab sie Bernd ein Zeichen. Das genügte ihr, mehr brauchte sie nicht zu hören. Sie hatte den Song schon im Kopf.

„Gut", unterbrach sie die Musik. „Ich weiß, wann ich dran bin. Lass uns anfangen. Ich singe einfach, wie ich es mir denke, okay?"

„Genau so, Suzie. Läuft."

Der Einspieler tickte leise vier Schläge, und noch bevor der zweite Takt begann, setzte die Sängerin von Suzie and the Handcheese an und sang:

„Wenn am Römerberg e Bäumsche steht un de Typ am Stand sei Mandle brät, wenn de Ostwind durch die City weht, dann ham'mer Weihnachten am Main. Wenn de ..."

„Stop, stop, Suzie", hörte sie Petzer über die Kopfhörer. „Das ist schon super. Aber fast ein bisschen brav, ne. Ich dachte mir das ein bisschen rotziger in der Stimme, weißt du, was ich meine? Bisschen weniger Elke, bisschen mehr Suzie, gell!"

„Alles klar, gleich nochmal", antwortete Suzie. Wieder ging der Beat los, wieder zählte Suzie mit und setzte ein. Diesmal wandelte sie ihre Stimme, sie klang nun rauer, echter.

„Viel besser", fand auch Petzer, als sie die ersten Takte ein-
gesungen hatte. „Ich sehe schon, wir verstehen uns wie gestern, Suzie, super. Gleich nochmal. Und spiele ruhig ein bisschen mit den Worten. Phrasiere das Ganze, stell dir vor, wir
wären auf der Bühne, ne."

Von Take zu Take fand sich Elke besser zurecht. Im Studio
spürte man förmlich, wie sie die alte Sicherheit zurückge-
wann, gerade so, als wäre sie erst gestern mit der Band aufge-
treten. Mit jeder Aufnahme verwandelte sich Elke mehr in
die Suzie, die sie mal gewesen war, und ganz offenkundig
hatte sie nichts verlernt. Ihre Stimme klang kraftvoll und
kernig wie eh und je. Und nur der Tatsache, dass sie nach wie
vor dieselbe akribische Perfektionistin war – die die Plattenfirma schon früher gefürchtet hatte, da jede Stunde im Studio
bares Geld kostete – war es geschuldet, dass es einen halben
Tag dauerte, bis auch Elke endlich mit einem der zahlreichen
guten Takes zufrieden war.

Am späten Nachmittag erschienen Björn mit einem über
und über beklebten Gitarrenkoffer und Dave, der walisische
Bassist mit seinem inzwischen schlohweißen Pferdeschwanz.
Sie begrüßten Elke herzlich, dann nahm sie gemeinsam mit
Björn die Begleitstimmen für den Chorus auf. Schnell stellten
sie fest, dass sie wie früher beinahe instinktiv miteinander
harmonierten. Beide hatten darauf bestanden, gemeinsam am
Mikrofon zu stehen, und bereits die zweite Aufnahme war so
klar und sauber, dass Bernd sich dagegen sperrte, weitere
Versuche zu machen.

„Besser werdet ihr nicht", sagte der Tontechniker und
winkte die beiden zu sich. „Ihr könnt es euch anhören."

„Viel zu clean für hessischen Punk", sagte Petzer, als sie die
Aufnahme abhörten. „Früher wart ihr wilder."

„Wir können gerne nochmal", sagte Björn, der Schlagzeuger hielt ihn jedoch zurück. „Quatsch", antwortete er. „War Spaß. Ihr wart gut, super gut. Wir lassen es exakt so, oder? Können wir es ein letztes Mal hören, Bernd?"

„So oft Ihr wollt, kein Problem."

„Gut, dann lehnt euch mal zurück, ne. Hier kommt Hessens neue Weihnachtsnummer eins: *Weihnachten am Main* von Suzie and the Handcheese."

Während die anderen Mitglieder der Band konzentriert auf den Monitor starrten, schloss Elke die Augen und wartete auf den Beginn der Musik. Bernd markierte die Spuren der Aufnahmen, dann klickte er auf die Maus und der Song setzte ein:

Wenn am Römerberg e Bäumsche steht
Un de Typ am Stand sei Mandle brät
Wenn de Ostwind durch die City weht
Dann ham'mer Weihnachten am Main

Wenn im Schoppe Zimt und Nelke schwimme
Un die Leut dehaam ihr Tännsche trimme
Wenn in jeder Stubb die Kerzsche glimme
Ham'mer Weihnachten am Main

Weihnachten am Main
Sinn die Straaße weiß un' die Schoppe heiß
Dann ham'mer Weihnachten am Main

Wenn's nach Lebkuch riescht an jeder Ecke
Un die Kinner ihre Wünsche checke
Wenn de Opa sucht sei Thermodecke
Ham'mer Weihnachten am Main

Wenn die Leute durch die Kaufhäus renne
Weil se all scho ihr Geschenke kenne
Wenn am Schoppekranz vier Kerze brenne
Ham'mer Weihnachten am Main

Weihnachten am Main
Sinn die Straaße weiß un' die Schoppe heiß
Dann ham'mer Weihnachten am Main.

Un' im Fernsehn läuft des Aschebrödel, bis mer's
nemmer sehe kann
Und schon in elf Monat' un' paar Woche fängt des alls
von vorne an!

Weihnachten am Main
Sinn die Straaße weiß un' die Schoppe heiß
Dann ham'mer Weihnachten am Main

Weihnachten am Main
Sinn die Straaße weiß un' die Schoppe heiß
Dann ham'mer Weihnachten am Main

Weihnachten am Main
Tun die Gänsche ebe bange um ihr Lebe
Dann ham'mer Weihnachten am Main

Als der letzte Akkord verklungen war, sahen sich die vier an und strahlten. Sie klangen wirklich gut. Vielleicht hatte Petzer recht, und der Song würde tatsächlich durch die Decke gehen. Das lag jetzt nicht mehr in ihrer Macht, das würden der Sender und die Hörer entscheiden. Elke und ihre Band hatten in jedem Fall ihr Bestes gegeben, und das allein war wichtig.

„So, Bernd, jetzt streust du mir noch ein paar Sleigh Bells und ein bisschen Flitter drüber, damit's nach Weihnachten klingt, okay?"

„Wird gemacht, Petzer. Ich verziere euch das mit Zuckerguss, dann lad ich's euch hoch."

Der Tonmann drehte sich mit dem Sessel zum Mischpult und versank in den Untiefen seines Klangarchivs, dabei pfiff er den Song vor sich hin. Im Ohr blieb er jedenfalls, dachte Elke. Dann packte sie ihre Jacke und machte sich auf den Heimweg. Alles Weitere würde Petzer in die Wege leiten. Noch heute würde er sicher die Plattenfirma kontaktieren, ihnen die Aufnahme schicken, gleichzeitig ginge eine Kopie des Ganzen an die *Hitwelle Frankfurt*. Der Rest war Warten.

Am ersten Advent hatte die Warterei schließlich ein Ende. Schon seit Wochen wurde im Sender für die Wahl des hessischen Weihnachtshits getrommelt. Zehn Lieder waren von der Jury Mitte November ausgewählt worden. Seitdem liefen die Titel den ganzen Tag lang rauf und runter und konnten heute, am ersten Adventssonntag, bei einer Online-Abstimmung auf der Webseite der *Hitwelle Frankfurt* von den Hörern geklickt werden.

Petzer schlug Elke vor, das Ganze gemeinsam zu verfolgen, doch sie lehnte dankbar ab. Sie hatte Kowaljow für den Nachmittag eingeladen, eigens dafür Weihnachtsplätzchen nach dem Rezept ihrer Großmutter gebacken und Glühwein angesetzt. Natürlich erwartete sie die Abstimmung mit Spannung, Petzer hätte sie dabei aber nur verrückt gemacht, da war ihr der Russe lieber, viel lieber. Auch Elke hatte bereits für ihren Song abgestimmt. Einmal nur, häufiger ließ es die Webseite nicht zu. Das Internet schien zu wissen, dass sie wenige Minuten zuvor teilgenommen hatte. Wie auch immer sie das bemerkt hatten, Elke würde das nie verstehen und es interessierte sie auch nicht wirklich. Kowaljow beteiligte sich ebenfalls an der Wahl und gab Elke seine Stimme per Handy. Zwar verstand er kein Wort, von dem, was sie sang, aber er mochte den Rhythmus, vor allem aber mochte er Elkes Stimme.

Die anderen neun Weihnachtssongs waren gar nicht mal schlecht. Die meisten Sängerinnen, Sänger und Bands setzten auf Balladen, daher ähnelten sie sich mehr als ihnen lieb sein konnte. Das könnte uns in die Karten spielen, dachte Elke. Nur zwei der Titel gingen richtig ab; einer davon war der von Suzie and the Handcheese.

„Wann fertig?", fragte Kowaljow.

„Um sechs. Achtzehn Uhr. Dann Schluss. Ich meine, dann ist Schluss mit der Abstimmung." Elke ertappte sich häufig dabei, wie sie in dieselbe abgehackte Sprache verfiel, wenn sie mit dem Russen sprach, das musste unbedingt aufhören. So würde er ihre Sprache nie lernen.

Ohne Frage war es ein aufregender Tag, zumindest für die, die zur Wahl standen. Weder ließ sich auf der Webseite erkennen, welcher Song bislang wie viele Stimmen erhalten hatte, noch tat Julia, die Moderatorin, die den ganzen Tag auf Sendung war, den Hörerinnen und Hörern den Gefallen, eine Tendenz durchblicken zu lassen.

Um Punkt achtzehn Uhr erschien auf der Homepage endlich ein Vermerk, dass die Abstimmung nunmehr vorbei sei, gleichzeitig wurden die Felder zum Klicken deaktiviert, und Julia verriet zunächst, dass es einen klaren Sieger gäbe. Inzwischen saß auch der Inhaber der Kelterei Höhlmann bei ihr im Studio, dem die Aufgabe zukam, um achtzehn Uhr fünfzehn den Titel des gewählten hessischen Weihnachtshits bekanntzugeben. Bis dahin spielten sie weiterhin Musik und machten es, nicht nur Elkes Empfinden nach, unnötig spannend.

Zehn Minuten später verriet der Keltereichef, dass eine der Balladen auf Platz drei gelandet war. Ein recht netter Song, fand Elke, vielleicht zu schmusig, um ganz vorne zu landen, zumal der andere Rocksong im Rennen, wie sich gleich danach herausstellte, auf Platz zwei gewählt worden war.

„Lied gut", stellte Kowaljow fest und nahm einen Keks.

„Ja, ganz gut", pflichtete ihm Elke bei. Der Russe hatte definitiv keinen Musikgeschmack. Wenn es ein Lied wie dieses so weit nach vorne schaffen konnte, hatten sie echte Chancen. Der Rhythmus war das Beste daran, mehr hatte der Song nicht zu bieten. Und tatsächlich: Nachdem Julia mit ihrem Gast ein paar weitere Minuten Zeit geschunden und die Leute auf die Folter gespannt hatte, gab der Mann der Kelterei endlich den Siegertitel des Wettbewerbs bekannt: „Und hier ist er, der Song, den Ihr gewählt habt, unser hessischer Weihnachtshit: *Weihnachten am Main* von Suzie and the Handcheese!"

Wind pfiff aus den Lautsprechern des Radios, Schlittenglocken erklangen, dann sang Elke den Song, den Petzer für sie geschrieben hatte.

„Du gewonnen!", stellte Kowaljow richtig fest.

„Ja, wir haben tatsächlich gewonnen, Kowaljow", freute sich Elke und umarmte den Russen, als ihr Handy klingelte.

„Wir haben's", schrie Petzer ins Telefon und stimmte ein Jubelgeheul an. „Ich wusste es, Suzie, ich wusste es."

„Ja, stimmt, du wusstest es. Gratuliere, das ist alleine dein Sieg."

„Unser Sieg, Suzie, das ist unser Baby. Wenn du mir abgesagt hättest, wäre nichts daraus geworden. Das werde ich dir nie vergessen. Jetzt klettern wir ganz nach oben und verdienen nochmal richtig Geld, ne."

„Das wünsche ich dir, Oliver. Gerade jetzt, in deiner Situation."

„Ach das, ja, dazu wollte ich dich sowieso noch sprechen", druckste Petzer herum. „Es gibt da etwas, das du wissen solltest."

„Was denn?" Ist der Song gar nicht von dir, sondern von den Monotones?"

„Ich habe keinen Krebs, Suzie."

Einen Moment schwiegen beide, bis Elke realisierte, was ihr Petzer mitgeteilt hatte. „Was soll das heißen, du hast keinen Krebs? Du hast doch gesagt, dass du ..."

„Sorry, ich wollte sichergehen, dass du mitmachst. Und da dachte ich, dass ..."

„Da dachtest du, dass du mir irgendeinen Scheiß erzählen musst, damit ich Mitleid bekomme und zusage? Du tickst ja nicht ganz richtig."

„Elke, ich wollte wirklich ..."

„Es ist mir egal, was du wolltest. Du hast absolut recht: Wenn ich vorher gewusst hätte, dass du mich nach Strich und Faden verarschst, wäre ich garantiert nicht dabei gewesen. Du kannst mich mal, Petzer."

Sie legte auf und schaltete das Telefon auf stumm.

„Warum du sauer?", wollte Kowaljow wissen.

„Petzer hat keinen Krebs."

„Aber gut, wenn kein Krebs."

„Nein, das ist nicht gut. In diesem Fall nicht."

Der Sender hielt sein Versprechen und spielte *Weihnachten am Main* die komplette Adventszeit rauf und runter. Und obwohl es ein Wettbewerb der Konkurrenz war, schlossen sich die anderen Sender nach und nach an. Dennoch schaffte es der Titel nicht, die üblichen Verdächtigen hinter sich zu lassen. Ende Dezember stand fest, dass sich Suzie and the Handcheese zwar wacker behaupteten, dass sie Wham und Mariah jedoch an sich vorbeiziehen lassen mussten.

Nach Petzers Beichte hatte Elke sämtliche Termine und Interview-Anfragen aus persönlichen Gründen abgesagt. Sich selbst für todkrank zu erklären, hatte sie ihrem Schlagzeuger sehr übel genommen. Der Zweck heiligte keinesfalls alle Mittel, befand sie und drückte Petzers Anrufe in den Tagen vor Weihnachten samt und sonders weg. Das sollte ihm eine Lehre sein, seine Freundin aus alten Zeiten so hinters Licht zu führen.

Erst Anfang Januar wurden Petzers Anrufe weniger, schließlich hörten sie ganz auf, und irgendwann verflog selbst Elkes Ärger. Ihn ihrerseits anzurufen kam ihr allerdings auch nicht in den Sinn. Und so unverhofft, wie Petzer aus dem Nichts bei ihr aufgetaucht war, verschwand er auch wieder aus ihrem Leben.

Immerhin hatte sich sein Song recht ordentlich verkauft, war fester Bestandteil sämtlicher Christmas Playlists gewesen und schallte bis Heiligabend unbarmherzig durch die Lautsprecher der Supermärkte und Kaufhäuser. Auf Elkes Konto hatte das einen durchaus positiven Effekt, und wenn sie es richtig einschätzte, würde sich dieser ab sofort in jedem Dezember wiederholen. Ein warmer Regen, den sie dem alten Lügner verdankte. Nach und nach legte sich ihr Missmut, und eines Tages ertappte sie sich sogar dabei, wie sie darüber lächeln musste, mit welcher Dreistigkeit Petzer sie reingelegt hatte.

Und dann dachte sie irgendwann gar nicht mehr an ihn.

Erst im darauffolgenden Mai hörte sie wieder von Petzer, als der Nachrichtensprecher im Radio als letzte Meldung vor dem Wetterbericht den Tod ihres langjährigen Schlagzeugers vermeldete. Oliver Petzold sei im Alter von neunundsechzig Jahren nach kurzer, schwerer Krankheit verstorben. Dann zählte der Sprecher ihre größten Erfolge bis zum letztjährigen Comeback von Suzie and the Handcheese auf, doch da hörte Elke bereits nicht mehr hin.

„Petzer tot?", fragte Kowaljow, der neben ihr lag und durch das Radio aufgewacht war.

„Anscheinend", antwortete Elke. „Mir wäre es allerdings lieber, wenn es wieder einer seiner dämlichen Tricks wäre, um Publicity zu kriegen." Unwillkürlich und genau wie im letzten Herbst liefen ihr die Tränen, denn natürlich wusste sie, dass die Nachrichtenredaktion ihm nicht auf den Leim gehen würde. Sie würden keine Falschmeldung bringen, wenn sie Petzers Tod nicht definitiv bestätigt bekommen hätten.

Elke stand auf und schaltete ihr Telefon ein. Dann rief sie die Plattenfirma an und ihr Manager versicherte ihr, dass die Nachricht der Wahrheit entsprach.

„Letzten Oktober hatte Petzer mir von seinem Blasenkrebs erzählt", sagte Elke. „Aber kurz vor Weihnachten beichtete er mir, dass das alles ein Schwindel gewesen war, nur damit ich seinen Weihnachtssong singe."

„Blasenkrebs?", stutzte der Manager. „Oliver hatte keinen Blasenkrebs. Er hatte einen Tumor in der Lunge und Metastasen in der Leber. Anfang des Jahres war er zum Arzt gegangen, weil er schlecht Luft bekam. Da hat er es erfahren."

„Anfang des Jahres?"

„Ja, im Januar. Der Tumor war bereits sehr weit fortgeschritten."

Elke erfuhr, dass Petzer jegliche Therapie abgelehnt und stattdessen ein Haus in Thailand angemietet hatte, das an eine Klinik angeschlossen war. Dahin wollte er sich, abgeschieden von der Öffentlichkeit, bestmöglich betreut und, falls notwendig, bis zum Anschlag mit Schmerzmitteln vollgepumpt, bis zu seinem Tod zurückziehen. Das Geld dafür hatte er sich mit seinem Weihnachtslied gerade noch rechtzeitig eingespielt.

Du hättest es nicht beschreien sollen, Oliver, dachte Elke, als sie aufgelegt hatte. Mit so was macht man keine Witze, das rächt sich.

Sie überlegte, ob sie sich bei irgendjemandem melden musste oder wollte und hoffte, dass die Plattenfirma Björn und Dave schon informiert hatte, denn Elke grauste es, die beiden anzurufen. Sie war noch nicht bereit, in Erinnerungen zu schwelgen.

Oliver hatte nie eine eigene Familie gegründet, Geschwister gab es ebenfalls keine, und soweit sie wusste, waren seine Eltern schon länger verstorben. Es hätte für Elke sowieso keinen Grund gegeben, zu jemandem in Petzers Privatleben Kontakt aufzunehmen. Auch wenn sie ihn durch die lange gemeinsame Zeit zu ihren Freunden zählte, waren sie nie ein Teil des Lebens des anderen geworden. Es war die Musik, die sie verband, und es war das Letzte, was sie miteinander erlebt hatten. Sie würde ihn immer in Erinnerung behalten, wie sie ihn noch vor wenigen Wochen hinter der Glasscheibe des Tonstudios erlebt hatte. Immer begeistert, voller Enthusiasmus für die eigenen Ideen und mitreißend für jeden, der mit ihm arbeiten durfte. Eigentlich, ging es Elke durch den Kopf, müsste man ihm ein Denkmal errichten.

Ein Denkmal? Nun, vielleicht tat es ja auch etwas anderes. „Steh auf, Kowaljow", rief sie ins Schlafzimmer. „Du musst mich fahren."

Keine zwei Stunden später bog der rostige Mercedes-Kombi des Russen wieder auf den Hof und hielt vor Elkes Haustür. Sie stiegen aus, und Kowaljow öffnete die Heckklappe. Er packte die Transportbox, mit der Elke vor Jahren ihre Katze Sissi aus dem Tierheim auf den Hof gebracht hatte und hievte sie aus dem Kofferraum.

„Du musst jetzt ganz stark sein, Jagger", sagte Elke, als sie beim Stall angekommen waren und sie die Tür der Box öffnete.

„Hier ist euer neuer *Leader of the Pack,* Ladys. Darf ich vorstellen? Das ist Petzer, die Legende des Hessenpunk. Na los, Petzer, zeig dich."

Vorsichtig klopfte sie auf den Kasten, dann lugte ein tiefschwarzer Kopf mit feuerrotem Kamm um die Ecke. Der Gockel sah sich um und betrat majestätisch, wie es einst nur Freddy konnte, die Bühne, die von nun an sein Zuhause sein würde.

„Welcome back, Petzer", sagte Elke und sah zu, wie der Hahn lässig durch den Sand stolzierte und beiläufig das ein oder andere Korn aufpickte, während die Hennen aufgescheucht um ihn herum flatterten.

„Ich sehe schon, das wird ein Spaß. Ich lass euch erst mal alleine. Und du, Jagger, lässt Petzer in Ruhe, verstanden?"

„Ist kleiner, Jagger. Kriegt auf Schnauze", sagte Kowaljow.

„Davon bin ich überzeugt. Komm, Zeit für Frühstück."

Der Song aus "Das kleine Frankfurter Weihnachtsbuch" von Andreas Heinzel

„Weihnachten am Main" von Suzie and the Handcheese gibt es tatsächlich. Der Komponist und Produzent Niklas Kleber hat den Song eingespielt und arrangiert. Kerstin Pfau, die Sängerin der Rodgau Monotones, hat Suzie ihre großartige Stimme geliehen. Die neue hessische Weihnachtshymne hat mächtig Dampf und ist auf allen gängigen Downloadportalen und Streamingdiensten erhältlich.

DIE STUNDE DER WAHRHEIT

Betül schlenderte an den Geräten vorbei und summte den Weihnachtssong mit, der durch die Etage hallte. Das Stockwerk darüber hatte sie bereits kontrolliert und verschlossen, nun inspizierte sie ein letztes Mal die Crosstrainer und Ergometer, die Laufbänder und Rudermaschinen und sammelte ein, was liegengeblieben war und die Feiertage jetzt wohl oder übel ohne ihre rechtmäßigen Besitzer in der Kammer hinter dem Counter verbringen musste. Ein verschwitztes Handtuch sowie ein einzelner weißer Kopfhörstöpsel waren eine vergleichsweise magere Ausbeute, allerdings war heute auch nicht viel los gewesen. Heiligabend halt.

Betül schaltete das unfestliche Deckenlicht aus. Nur das bunte Flackern der Monitore mit dem Bildergewirr aus Nachrichtenbeiträgen, sich im Rhythmus wiegenden Rappern und billig produzierten Soaps spiegelte sich noch in den Fensterscheiben, hinter denen sich der angestrahlte Dom bereits für das bald beginnende große Geläut feingemacht hatte.

Sie warf einen letzten Blick in den Raum, öffnete die Türen der Umkleiden, vergewisserte sich, dass sich weder in den Duschräumen noch den Toiletten jemand befand und ging schließlich zum Counter, aktivierte die Alarmanlage, schnappte sich die Jacke aus dem kleinen Raum, der nur dem *Staff* zugänglich war und schloss mit der Tür auch das vergangene Jahr hinter sich ab. Erst im Januar war sie wieder eingeteilt, bis dahin konnte sie sich wenigstens ein paar Tage lang vom Stress des Studiums erholen.

Betül hörte, dass sich im Stockwerk über ihr die Tür des Aufzugs schloss und drückte den Knopf, entschied sich dagegen, die drei Etagen bis ins Erdgeschoss zu laufen, sie war heute genug auf den Beinen gewesen. Wenn sie sich beeilte, bekam sie noch die Zwölf, die in vier Minuten an der Konstablerwache halten und sie auf direktem Weg zur Saalburgallee bringen würde, von wo aus es nur noch ein kurzes Stück Fußweg bis zu ihrer Wohnung war.

Der Aufzug hielt, hinter der durch die jahrzehntelange Benutzung verschrammte Metalltür schoben sich vorhanggleich die inneren Türen des Fahrstuhlkorbs zur Seite und entriegelten die Außentür, an der Betül ungeduldig zog, bis sie ihr endlich den Gefallen tat und sich öffnen ließ.

Der Lift war für vier Personen zugelassen, las Betül, als sie den Knopf zum Erdgeschoss drückte, wodurch sie den Mann, der sich bei ihrem Eintreten rücksichtsvoll in die Ecke drückte und sie kaum hörbar mit *Hallo* begrüßt hatte, auf dem Weg zur Tiefgarage aufhalten würde. Ein Umstand, den er sicherlich verkraftete.

Vier Personen, das war absolut lächerlich. Betül versuchte, sich zwei weitere Menschen in der ohnehin engen Kabine vorzustellen. Welches Amt hatte diesen Unfug zugelassen?

Die Schiebetüren schlossen sich und mit einem spürbaren Ruck setzte sich der Fahrstuhl träge in Bewegung. Als Betül bereits darüber nachdachte, was sie heute Abend anziehen sollte, was nicht leicht war, da sie Ricos Eltern noch nicht kannte und daher nicht einschätzen konnte, wie festlich sich das Ganze gestalten würde, gab es abermals einen Ruck, härter diesmal, endgültiger. Man brauchte kein Techniker zu sein, um zu wissen, dass es sich nicht um das normale Abbremsen beim Erreichen des nächsten Stockwerks gehandelt hatte. Kein Zweifel, der Aufzug hing fest.

„Oh nein, echt jetzt", stöhnte Betül auf. „Nicht schon wieder." Hektisch drückte sie auf sämtliche Knöpfe der Aufzugsteuerung, aber außer, dass daraufhin die Ziffern aller Etagen aufleuchteten, passierte nichts.

„Wir stecken doch nicht etwa fest?", fragte der Mann, machte sich nun seinerseits an der Armatur zu schaffen, doch nichts rührte sich. Irgendwo zwischen zwei Stockwerken hatte der Lift seinen Dienst quittiert, und weder ein leises elektrisches Brummen noch ein anderes Geräusch ließen darauf schließen, dass sich daran in absehbarer Zeit etwas ändern würde. Auch Betüls erneutes, sehr viel entschlosseneres Hämmern mit der flachen Hand auf die Knöpfe konnte die Steuerung des Lifts nicht umstimmen.

„Das ist jetzt schon das dritte Mal in diesem Monat, ich könnte kotzen", sagte sie und ärgerte sich maßlos über ihre Faulheit. Wie konnte sie so blöd sein, ausgerechnet am Nachmittag des Heiligen Abends in einen Fahrstuhl zu steigen, der weit älter war als sie selbst und in dem steckenzubleiben fast jeder schon einmal das Vergnügen gehabt hatte.

„Wie lange dauert das im Normalfall? Mir ist das noch nie passiert", wollte der Mann wissen.

„Keine Ahnung", antwortete Betül genervt. „Das letzte Mal setzte er sich nach ein paar Minuten von selbst wieder in Bewegung, aber ich habe auch schon gehört, dass es Leute gab, die ein paar Stunden warten mussten, bis sie vom Service befreit wurden."

„Na, großartig", sagte der Mann, befolgte die Anweisung und drückte für mindestens fünf Sekunden den Notrufknopf. „Hoffentlich sind die nicht schon im Weihnachtsurlaub", bangte er, als sich auf den Alarm hin nichts tat.

„Hallo?", rief er in das dafür vorgesehene Feld. „Hallo? Ist da jemand?" Doch der Lautsprecher blieb stumm. „Das ist rechtlich überhaupt nicht zulässig, da muss jemand sein."

„Vielleicht ist nicht nur die Steuerung defekt, sondern auch der Notruf", sagte Betül. „Wäre möglich, oder?"

„Keine Ahnung", herrschte sie der Mann an. „Bin ich Techniker?"

„Ist ja gut, mal halblang. Wir kommen hier schon raus."

„Fragt sich nur, wann."

„Wieso? Haben Sie heute Abend noch was vor?"

„Sehr witzig. Ich weiß zwar nicht, was Sie an Heiligabend so treiben, aber in einer halben Stunde ..." Der Mann sah auf die Uhr und rechnete. „... in sechsunddreißig Minuten, um genau zu sein, wollen meine Frau und ich zum Römerberg aufbrechen."

„Wenn Sie Glück haben, sind wir bis dahin wieder draußen", sagte Betül und ließ sich auf den Boden rutschen, während der Mann sein Handy aus der Manteltasche fischte. „Und das können Sie gleich wieder einstecken. Hier drin gibt's keinen Empfang."

Der Mann ließ sich nicht beirren, reckte das Gerät in die Höhe und drehte sich um die eigene Achse, um auf die Art zu versuchen, Kontakt zum nächstgelegenen Sendemast aufzunehmen. Wenige Augenblicke später gab er auf und versuchte es stattdessen erneut mit dem Notrufknopf des Aufzugs.

„Das kann überhaupt nicht sein, das ist nicht legal", sprach er sich Mut zu. „Die Notrufzentrale muss definitiv besetzt sein, auch an Heiligabend. Wenn nicht, verklage ich die, und zwar noch heute."

Betül betrachtete die Schuhe ihres Mitgefangenen. Anthrazitfarbene Wildlederboots, an den Spitzen blank gewetzt, die Sohlen seitlich mit Schlamm bespritzt. Das ließ den Schluss zu, dass er keine Garage besaß und die letzten Meter durch den Winterschlamm stapfen musste. Die Beine der dunkelgrauen Anzughose waren allerdings nicht in Mitleidenschaft gezogen worden, selbst die Bügelfalte saß akkurat.

„Ist was mit meinen Schuhen?", fragte der Mann.

„Nein, was soll damit sein?"

„Weil Sie sie anstarren."

„Ich starre sie nicht an, ich vertreibe mir die Zeit. Lassen Sie bügeln, oder bügeln Sie selbst?"

„Bitte?"

„Die Falten Ihrer Hose. Sehr korrekt, ich bin beeindruckt."

„Dafür ist meine Frau verantwortlich."

„Und warum machen Sie das nicht selbst?"

„Für so was habe ich keine Zeit."

„Ah."

„Nichts *ah*. Ich arbeite zehn, manchmal sogar zwölf oder noch mehr Stunden am Tag. Da werde ich mich ganz sicher nicht am Wochenende ans Bügelbrett stellen."

„Was arbeiten Sie?"

„Ich bin Anwalt."

„Ah, deshalb die Klage gegen die Aufzugsfirma."

„Es gibt klare Verordnungen, junge Frau, und wenn ich mich richtig erinnere, müssen Fahrstühle schon seit ein paar Jahren zwingend mit einer ständig erreichbaren Leitzentrale verbunden sein. Wenn auf unseren Hilferuf niemand reagiert, ist das ein klarer Verstoß gegen die geltenden Gesetze."

„Sind Aufzüge Ihr Spezialgebiet?"

„Nein, natürlich nicht. Ich bin Anwalt für Arbeitsrecht. Das heißt nicht, dass ich ein Fachidiot bin und mich nur mit Kündigungsschutz auskenne. Ich interessiere mich für jede Art von Gesetz."

„Ah."

Dann war das also der Typ, der in der Etage über dem Fitnesscenter seine Kanzlei hatte. Betül war ihm noch nie begegnet, nur dem Duft seines Aftershaves, mit dem er morgens regelmäßig den Aufzug markierte. Ein maskuliner Duft nach Hölzern und Gewürzen.

„Und Sie arbeiten im Fitnesscenter?", wollte er wissen.

„Ja."

„Festangestellt oder auf Vierhundertfünfzig-Euro-Basis?"

„Minijob."

„Studieren Sie?"

„Ja."

„Aber nicht gerade Kommunikationswissenschaft, oder?"

„Nein, Medizin."

„Medizin?"

„Hätten Sie nicht gedacht, was?"

„Wieso? Sie können von mir aus studieren, was Sie wollen."

„Alleine die Tatsache, dass Sie nachfragen, zeigt, dass Sie mir das nicht zugetraut hätten. Einer jungen Türkin mit Leggings und pinkfarbenen Turnschuhen, die am Counter eines Fitnesscenters an der Konstablerwache jobbt. Hab ich recht?"

„Völliger Quatsch! Ich weiß auch überhaupt nicht, warum Sie gleich so aggressiv reagieren. Noch dazu an Weihnachten. Aber das feiern Sie wahrscheinlich nicht, richtig?"

Fassungslos schüttelte Betül den Kopf. „Nur los, wie wär's gleich mit den anderen Vorurteilen, hm? Nein, auf mich wartet vor der Tür kein Freund mit falschem Pelz an der Kapuze, er fährt auch keinen tiefergelegten BMW und wir gehen heute Abend auch in keine Shisha-Bar. Und ja, falls es Sie interessiert: Ich feiere Weihnachten und zwar mit der Familie meines Freundes. Vermutlich gibt es Bratwurst mit Kartoffelsalat und Rotkraut. Bratwurst aus Schweinefleisch."

„Das gibt's bei uns ebenfalls. Alte Tradition. Und was Sie mir da vorwerfen, ist absolut lächerlich. Allerdings gebe ich zu, dass mir beim Gedanken an eine Medizinstudentin womöglich eine etwas seriösere Erscheinung in den Sinn gekommen wäre und kein knappes Sport-Outfit, aber Sie haben recht, das ist ein sexistisches Klischee, dem ich möglicherweise gerade aufgesessen bin. Im wievielten Semester sind Sie?"

„Noch ziemlich am Anfang. Drittes Semester."

„Und in welche Richtung soll's gehen? Ich stelle extra keine Vermutung an, nicht dass Sie mir das auch gleich wieder tendenziös auslegen."

„Ich bin noch nicht sicher", antwortete Betül. „Vielleicht pädiatrische Chirurgie, möglicherweise auch Kinderorthopädie."

„Klingt, als hätten Sie einen ziemlich klaren Plan."

„Ja."

Danach schwiegen die beiden für einen Moment. Nur das ungeduldige, stoßweise Atmen des Mannes war zu hören, während Betül konzentriert an einem Stück Haut arbeitete, das von ihrem Daumennagel abstand. Vorsichtig, ohne sich zu verletzen, versuchte sie das winzige Hautfetzchen zu entfernen, während der Mann seinen ausgestreckten Arm ein weiteres Mal erfolglos nach Handyempfang Ausschau halten ließ. Es dauerte nicht lange, da gab er auf und malträtierte stattdessen immer und immer wieder mit durchgedrücktem Daumen den Notruf, bis sein Finger vor Anstrengung rot anlief.

„Ein Stück Mandarine?", fragte Betül und fingerte in ihrem Rucksack nach der Frucht, die sie sich eingesteckt, dann aber vergessen hatte.

„Ich will hier raus, sonst gar nichts", bekam sie zur Antwort.

„Wie Sie wollen", sagte Betül und pulte die Schale ab.

„Meine Frau wird sich schon fragen, wo ich bleibe. Ich bin immer pünktlich, ich komme lieber ein paar Minuten zu früh, als auch nur eine Minute zu spät. Wenn ich nicht in ... dreizehn Minuten zuhause bin, wird sich Daniela sorgen."

„Ah."

„Wenigstens muss ich keine Geschenke mehr besorgen, das hätte mir gerade noch gefehlt."

„Wäre jetzt auch ein bisschen spät. Die Geschäfte haben schon zu. Was schenken Sie denn Ihrer Frau?"

„Ich weiß es nicht. Sie hat sich ein Armband bestellt, glaube ich. Armband oder Armreif, eins von beiden."

„Sie bestellt sich ihre Geschenke selbst?"

„Natürlich. Sie weiß am besten, was ihr gefällt."

„Ah."

„Können Sie vielleicht mal mit diesem ‚ah' aufhören? Das klingt so ... so missbilligend."

„Ist nicht so gemeint. Betrachten Sie es einfach als Zeichen, dass ich akustisch verstanden habe, was Sie mir erzählen."

„Akustisch?"

„Ja, inhaltlich verstehe ich es natürlich auch, selbst wenn ich es nicht nachvollziehen kann."

„Was?"

„Na, zum Beispiel, dass Sie sich keine Gedanken machen, worüber sich Ihre Frau zu Weihnachten freuen könnte. Haben Sie das schon immer so gehandhabt?"

„In der Regel schon." Der Mann überlegte. „Das heißt, es gab auch Anlässe, bei denen mir etwas für sie eingefallen ist. Ich erinnere mich an einen Geburtstag, da habe ich ihr eine Sportuhr mit allem Drum und Dran geschenkt. Rundenzeiten, Pulsmessung, Höchstgeschwindigkeit, absolut State-of-the-Art."

„Und? Hat sie sich gefreut?"

„Es ging. Daniela fährt gerne Ski und macht ab und zu Gymnastik, aber weder läuft sie noch fährt sie Rad. Dazu wollte ich sie mit dem Geschenk animieren. Sie betrachtete die Uhr jedoch als Fingerzeig, sich mehr zu bewegen. Sie dachte, ich fände sie nicht mehr attraktiv und würde es ihr auf diese Weise zeigen."

„War es so?"

Nach Betüls Empfinden dachte der Mann einen Moment zu lange nach. Dann ließ er sich ebenfalls zu Boden gleiten und streckte die Beine aus.

„Möglich", sagte er schließlich. „Ja, vielleicht war es so, aber wenn es so war, meinte ich es nicht böse. Daniela hat schließlich zwei Jungen zur Welt gebracht und geht bald auf die fünfzig zu, da sieht man nicht mehr so knackig aus wie Sie. Wie alt sind Sie?"

„Dreiundzwanzig."

„Dreiundzwanzig, meine Güte, ja, so jung war ich auch mal. Ist lange her. Wie ich in Ihrem Alter war, hatte ich gerade meine Frau kennengelernt. Zwei Jahre später heirateten wir, da war unser Ältester schon unterwegs."

„Wollten oder mussten Sie?"

„Was?"

„Heiraten."

„Natürlich wollten wir. Wir waren sehr glücklich."

„Waren? Sind Sie es nicht mehr?"

„Doch, natürlich, sicher sind wir glücklich. Vielleicht anders als damals, aber wir sind ein gutes Team. Wir können uns aufeinander verlassen."

„Ah."

„Habe ich wieder etwas gesagt, das Sie nicht nachvollziehen können?"

„Nein, ich meine, ja. Mir fällt es schwer zu verstehen, wie man von Liebe sprechen kann, wenn man seine Frau als Teampartnerin versteht. Das klingt nicht wirklich nach tiefen Gefühlen."

„Ich habe nicht von Liebe gesprochen. Ich sagte, dass wir glücklich sind."

„Heißt das, dass Sie Ihre Frau nicht mehr lieben?"

„Ach, wissen Sie, mit der Liebe ist das so eine Sache. Dieses Gefühl verändert sich im Laufe der Jahre. Erst ist es vor allem

Leidenschaft, die Neugier aufeinander, das Verlangen, sich ständig zu sehen, sich zu berühren, miteinander zu schlafen. Und wenn man das alles durchlebt hat und noch immer zusammen ist, kommt die nächste Phase. Dann will man Kinder, und alles, was man bis zu diesem Moment am anderen so begehrenswert fand, gehört von einem Augenblick auf den anderen nicht mehr einem selbst, zumindest nicht allein, sondern in erster Linie ein paar kackenden und schreienden Ungeheuern. Das ist der Zeitpunkt, an dem man sich vom Paar zum Team verwandelt. Es geschieht ganz unmerklich, Sie werden das irgendwann selbst erleben, nehme ich an. Verstehen Sie mich nicht falsch, die Beziehung hat auch dann ihre schönen Seiten, etwas sehr Tiefes, aber es ist anders. Es ist definitiv anders als zu der Zeit, in der man sich kennengelernt hatte."

„Ganz ehrlich? Glück klingt für mich anders."

„Warum erzähle ich Ihnen das überhaupt?", sagte der Mann. „Ich denke, wir sollten lieber überlegen, wie wir hier herauskommen. Ich habe keine Lust, Heiligabend im Aufzug zu verbringen."

„Vielleicht haben sie den Notruf in der Leitstelle ja doch mitbekommen und sind bereits auf dem Weg."

„Das hoffe ich, sonst können sie sich auf was gefasst machen."

Langsam und entnervt knöpfte der Mann seinen Mantel auf und lockerte den Schal, den er sich in Erwartung des winterlich kalten Autos fest um den Hals gewickelt hatte. Er schloss die Augen und rieb sich mit einer monotonen Bewegung die Nasenwurzel. Auf und ab, auf und wieder ab. Betül betrachtete ihn neugierig und fragte sich, ob sie, wenn sie in ein paar Jahrzehnten auf ihre eigene Beziehung zurückblickte, zu einem ähnlichen Resümee kommen würde. Keine schöne Vorstellung, aber was wusste sie schon? Vielleicht sprach aus dem Anwalt, der ihr gegenüber auf dem Boden saß und situationsbedingt zu resignieren schien, eine allgemeingültige Lebenserfahrung, eine Entwicklung, auf die sie sich schon einmal vorbereiten konnte.

Realistisch betrachtet, würde Rico mit einiger Wahrscheinlichkeit nicht ihr zukünftiger Teampartner werden. Sie kannten sich erst einige Wochen und wussten im Grunde nicht viel voneinander. Rico war ausgesprochen freundlich, gutaussehend und kaum älter als sie selbst. Er teilte sich mit Fred, einem Studienfreund, eine kleine Wohnung in Bockenheim, spielte ambitioniert Basketball und hatte einen guten Humor, was letzten Endes den Ausschlag gegeben hatte, dass Betül mit ihm zusammengekommen war. Sie waren sich bei einem Spieleabend mit gemeinsamen Freunden begegnet, und die Art, wie Rico die Runde zum Lachen brachte, war ihr von Anfang an sympathisch gewesen. Er war schlagfertig und auf eine besondere Art witzig, durch die er andere nicht verletzte. Von der Sorte kannte Betül nicht viele.

Nur wenige Tage später trafen sie sich auf dem Weihnachtsmarkt am Römerberg, alleine, ohne die anderen. Und als er sie spät am Abend nach Hause brachte, blieb er gleich bei ihr. Es fühlte sich ganz selbstverständlich an, und da Betül in einer liberalen, weltlichen Familie groß geworden war, plagten sie keine Gewissensbisse, als sie morgens neben dem Jungen aufwachte, den sie erst wenige Tage zuvor das erste Mal gesehen hatte.

Dennoch würde sie Rico ihren Eltern erst vorstellen, wenn sie sich selbst sicher wäre, dass sie längerfristig zusammenbleiben würden, dass ihre Liebe eine echte Perspektive hätte, vielleicht in ein paar Wochen, vielleicht auch erst im nächsten Frühjahr, wer wusste das schon, es würde sich zeigen, sie hatte keine Eile.

Rico wiederum war es wichtig gewesen, dass sie ihn heute Abend begleiten würde. Offensichtlich war es ihm ernst, sonst hätte er nicht darauf bestanden, daher tat sie ihm den Gefallen und sagte zu. Auf die Weise würde sie zum ersten Mal ein typisch deutsches Weihnachtsfest erleben, und alleine darauf war sie schon seit Tagen gespannt. Jetzt musste sie nur noch jemand aus dem Aufzug befreien, sonst hätte sich die neue Erfahrung wohl leider erledigt.

Betül zerrte ihr Handy aus der Jacke, jedoch gab es im Fahrstuhlkorb, wie sie selbst verlautbart hatte, nach wie vor keinen Empfang, daher konnte sie Rico auch keine Nachricht zukommen lassen, in welch misslicher Lage sie gerade steckte, dass er vorgehen solle und sie ihm später folgen würde.

Der Mann saß ihr noch immer mit geschlossenen Augen gegenüber. Fast wirkte es, als schliefe er. Er war schlank, selbst im Sitzen drückte sich keine Spur eines Bauches über den Gürtel. Die Finger seiner Hände waren schmalgliedrig und wiesen keine Anzeichen körperlicher Arbeit auf. Betül schätzte ihn auf Mitte, Ende fünfzig, vermutlich war er ein paar Jahre älter als seine Frau. Das Alter war schwer zu erahnen, da sein Gesicht trotz der schlechten Laune auffallend glatt und junggeblieben wirkte, und auch sein volles Haar war nur von wenigen grauen Strähnen durchzogen, die ihm zudem gar nicht schlecht standen. Wäre Betül ihm unter angenehmeren Umständen begegnet, hätte sie ihn wahrscheinlich attraktiv gefunden. Nur an seinem Rasierwasser musste er noch arbeiten.

„Was machen wir, angenommen, die Notrufleitstelle wäre tatsächlich nicht besetzt und sie würden erst nach den Feiertagen auf uns aufmerksam werden? Hat das Fitnesscenter an Weihnachten geöffnet?"

„Nein, morgen und übermorgen ist zu. Wir öffnen erst Donnerstag wieder."

„Sehen Sie, und in den anderen Etagen ist garantiert auch keiner. Das sind alles Büroräume. Wenn wir Pech haben, erscheinen die erst im neuen Jahr wieder zur Arbeit."

„Man wird uns vermissen und die Polizei verständigen."

„Im besten Fall. Wahrscheinlich sogar, ja. Wenn wir Glück haben, sucht heute Nacht eine Polizeistreife nach uns. Weiß Ihre Familie, dass Sie heute arbeiten?"

„Meine Familie nicht, aber mein Freund."

„Der wird Sie mit Sicherheit vermissen, nehme ich an."

„Davon gehe ich aus", sagte Betül. „Sonst wäre er nicht mehr lange mein Freund."

„Sind Sie so streng?"

„Was würden Sie machen, wenn Ihre Frau nicht nach Ihnen sucht? Gäbe es da keinen Stress?"

„Natürlich wird sie nach mir suchen, vermutlich tut sie es bereits. Ich hätte schließlich längst bei ihr sein sollen. Das Geläut beginnt bald, und eigentlich wären wir schon seit mindestens zehn Minuten auf dem Weg. Ich gehe davon aus, dass sie es zuerst auf dem Handy versucht hat und danach im Büro, und da sie mich weder da noch dort erreichen konnte, wird sie davon ausgehen, dass ich irgendwo im Heiligabendstau stecke. Noch sind viele unterwegs, um rechtzeitig zum Festessen daheim zu sein."

„Und wann wird sie zur Polizei gehen?"

Der Mann zuckte mit den Schultern. „Ich weiß es nicht, sicher nicht so schnell. Erst bekommt sie schlechte Laune, weil sie denkt, ich hätte mich in der Zeit vertan, obwohl das, wie gesagt, sehr untypisch für mich wäre. Vielleicht marschiert sie aus lauter Trotz sogar allein Richtung Römer, in der Hoffnung, dass ich zerknirscht und schuldbewusst nach ihr suchen werde."

„Und wenn sie heimkäme, und Sie wären noch immer nicht da?"

„Dann würde sie es mit der Angst zu tun bekommen und nacheinander die Krankenhäuser abtelefonieren. Erst danach, schätze ich, wäre die Polizei ihre nächste Anlaufstation."

„Ah."

Verdammt, dachte Betül, jetzt dauerte es tatsächlich schon sehr lange, und noch immer hatte der Lautsprecher der Rufanlage nicht den leisesten Mucks getan. Sie raffte sich auf und betätigte den Notknopf, länger, viel länger als die geforderten fünf Sekunden. „Hallo? Ist da jemand? Hey, ihr blödes Pack, könnt ihr vielleicht mal antworten? Sitzt ihr schon bei euren Geschenken, oder was? Wir sitzen hier jedenfalls fest, hört ihr? Hallo?"

„Vergessen Sie's", antwortete der Mann ohne aufzublicken. „Wenn sie nicht da sind, sind sie nicht da. Ich schätze, Sie haben recht, und die Anlage ist genauso defekt wie der Rest – was unsere Lage zugegebenermaßen nicht besser macht."

„So lange habe ich noch nie festgesteckt, das ist rekordverdächtig."

„Ich denke, wir können uns schon einmal darauf einstellen, unsere Nacht hier zu verbringen."

„Nie im Leben."

„Ich fürchte, darauf haben wir keinen Einfluss."

„Mir egal, ich bleib hier nicht drin."

„Na schön, dann warten wir ab, was der Abend noch bringt", sagte der Mann und lächelte. „Im Übrigen habe ich schon lange keine Nacht mit einer fremden und, wenn Sie mir erlauben, sehr attraktiven jungen Frau mehr verbracht. Ich könnte mir schlimmere Weihnachtsabende vorstellen."

Betül blickte ihn an, als hätte er ihr gerade an die Brust gefasst. Was ging hier ab? Wurde sie etwa angemacht? Von einem Rechtsanwalt, der in diesem Moment ursprünglich mit seiner Frau den Heiligabend einläuten wollte?

„Das wird ganz sicher keine gemeinsam verbrachte Nacht", sagte sie. „Wir teilen nur das Schicksal, gemeinsam in einem Aufzug gefangen zu sein. Nicht mehr und nicht ..."

„Nicht mehr? Verstehen Sie mich nicht falsch, ich möchte nur die gespannte Atmosphäre etwas entkrampfen. Es ist eng, es ist kalt, und es wird sowieso noch einiges intimer werden, ob wir wollen oder nicht. Spätestens, wenn einer von uns mal muss."

„Hören Sie auf, bitte!", antwortete Betül, die an so etwas gar nicht denken wollte. Ein, zwei Stunden konnte sie es sicher noch aushalten, aber was dann? Ignorieren, sagte sie sich, einfach ignorieren, was ihr jetzt, wo er es angesprochen hatte, sicher nicht mehr gelingen würde.

„Ich will damit nur sagen, dass nicht auszuschließen ist, dass wir uns noch viel besser kennenlernen werden. Ich heiße übrigens Rainer."

„Vielleicht sollten wir einfach gegen die Kabine hämmern. Wer weiß, vielleicht ist ja der Hausmeister noch da."

Sie stand auf, schlug mit beiden Fäusten gegen die Schiebetüren und schrie dabei so laut um Hilfe, dass es im Treppenhaus nicht zu überhören gewesen wäre, wenn sich dort jemand aufgehalten hätte; doch als Betül ihr Ohr an das kalte Metall drückte, war das einzige Geräusch, das sie zu hören glaubte, der melodische und warme Klang von Glocken.

„Es hat begonnen", sagte sie leise.

„Was?"

„Das große Geläut."

„Tja, dann haben sie wohl ohne mich angefangen."

Betül setzte sich wieder. Langsam bekam sie Hunger. Außer der Mandarine hatte sie am Morgen nur ein Croissant gefrühstückt, das war eindeutig zu wenig. Wenigstens musste sie nicht verdursten, denn in ihrem Rucksack trug sie immer eine Flasche Wasser mit sich herum.

„Wollen Sie auch?", fragte sie, bevor sie die Flasche ansetzte. „Ich habe allerdings keinen Becher dabei. Ich heiße übrigens Betül."

Der Mann lehnte ab. Betül setzte an und nahm einen Schluck. Nur wenig trinken, sagte sie sich. Was hineinfließt, will auch wieder heraus.

„Wie meinten Sie das vorhin eigentlich?", fragte sie dann.

„Was?"

„Na, dass Sie schon lange keine Nacht mit einer jungen Frau verbracht haben? Meinten Sie damit Ihre Frau oder sind Sie fremdgegangen?

„Wieso wollen Sie das wissen? Und waren wir nicht schon per du?"

„Waren wir nicht, aber von mir aus. Also los, erzähl mal."

Der Mann sah Betül an und versuchte, hinter ihre Augen zu blicken, um zu erahnen, ob er ihr trauen konnte. Andererseits würde er sie nach diesem Intermezzo sicher nie wiedersehen.

„Nein, ich sprach nicht von meiner Frau. Ich hatte ein paar kurze Affären. Vier, um genau zu sein."

„Vier?"

„Ja. Alles Klientinnen, die ich verteidigt habe. Ich weiß, das ist extrem unseriös, aber es hat sich so ergeben."

„Ah."

„Die Frauen, die zu mir kamen, waren oft verzweifelt, weil man ihnen gekündigt hatte, weil sie gemobbt wurden oder weil ihnen in irgendeiner Weise Unrecht widerfuhr. Und ich war derjenige, der ihnen in ihrer Notsituation beistand und in den meisten Fällen auch zu ihrem Recht verhalf. Da waren sie eben dankbar."

„Dankbar? Die Frauen haben aus Dankbarkeit mit dir geschlafen?"

„Nein, das nicht, zumindest hoffe ich das. Nein, ich denke, dass es eine große gegenseitige Sympathie gab. Ich war der Mann, der ihnen half, und sie gaben mir das gute Gefühl, helfen zu können."

„Samaritersex könnte man also sagen."

„Du musst das gar nicht so abtun. Wir kamen uns während der Arbeit eben sehr nahe. Manchmal war ich mit ihnen abends essen, um ihre Fälle zu besprechen oder das Vorgehen bei Gericht zu planen. Und manchmal wurde daraus halt mehr."

„Und wo ... ich meine, seid ihr ins Hotel gegangen, oder ...?"

„Nein, wir waren nie im Hotel. Manchmal landeten wir bei ihnen zuhause, aber wenn das nicht möglich war, blieben wir einfach im Büro."

„Nicht wirklich, oder?"

„Warum nicht? Wenn es sich zufällig ergab? Wo macht ihr es denn, du und dein Freund?"

„Das geht dich gar nichts an."

„Wieso nicht?"

„Weil das meine Privatsache ist."

„Ach, aber mich lässt du alles erzählen?"

„Das ist deine Entscheidung. Ich frage, und wenn du antworten willst, antwortest du. Wenn nicht, dann nicht."

„Gut."

Ein paar Minuten schwiegen sie sich an. Betüls Gedanken kreisten um den Anwalt, der seine dankbaren Klientinnen vögelte. Was für ein mieses Stück, das war wirklich unglaublich. Andererseits waren die Frauen keinen Deut besser. Was brachte sie dazu, mit ihrem Rechtsbeistand ins Bett zu gehen?

Was versprachen sie sich davon? Ein besseres Plädoyer? Einen Nachlass beim Honorar? In diesem Lift taten sich wahre Abgründe auf.

„Und deine Teampartnerin ahnte von all dem rein gar nichts?"

„Daniela? Nein, sie bekam nichts mit. Sie arbeitet sehr viel und sehr lang. Sie ist Lehrerin und korrigiert oft bis in die Abendstunden die Klausuren ihrer Schüler. Ob ich um sieben da bin oder erst um neun fällt ihr manchmal gar nicht auf. Außerdem meldete ich mich in der Regel ab und bereitete sie vor, dass es abends etwas länger dauern könnte."

„Du bist echt ein Arsch."

„Findest du? Na schön, dann bin ich eben ein Arsch. Aber weißt du was, Betül, ich möchte nicht wissen, in wie vielen Beziehungen wenigstens einer von beiden ein Verhältnis hat."

„Und trotzdem behauptest du, dass du glücklich bist?"

„Aber sicher. Das ist doch alles schon ewig her. Die letzte Frau, mit der ich was hatte, das war vor gut fünfzehn Jahren, als die Jungs noch klein waren. Da war meine Libido etwas ausgeprägter als Danielas, und dann ist es meines Erachtens legitim, das an anderer Stelle zu kompensieren."

„Und wenn es umgekehrt gewesen wäre?", fragte Betül. „Wenn Daniela sich einen jungen Referendar geschnappt hätte, weil mit dir nichts mehr lief? Hättest du das auch so pragmatisch betrachtet?"

„Keine Ahnung, wie soll ich das wissen? Es war nun mal nicht so. Aber wenn dieser Fall tatsächlich eingetreten wäre, hätte ich nichts gesagt, solange ich nichts davon bemerkt hätte."

„Das machst du dir aber ein bisschen einfach."

„Wieso? Genau das ist doch der Fall bei Daniela und mir. Sie weiß nichts, also ist es auch kein Problem für sie."

„Ah."

„Und du? Jetzt habe ich so viel über mich erzählt ... höchste Zeit, dass ich auch etwas über dich erfahre. Quid pro quo. Wie ist es mit deinem Freund und dir? Seid ihr glücklich?"

„Ja, das sind wir. Sehr sogar."

„Das freut mich. Und ist er der Mann, mit dem du den Rest deines Lebens verbringen willst?"

„Das weiß ich nicht. Wir sind erst seit ein paar Wochen zusammen."

„Aber hat man das nicht im Gefühl? Ich meine, ist er liebevoll, aufmerksam, charmant? Bringt er dich zum Lachen? Liest er dir die Wünsche von den Lippen? Hast du mit ihm in jeder Hinsicht Spaß, wenn du weißt, was ich meine?"

„Warum sollte ich dir das erzählen? Ich kenne dich überhaupt nicht."

„Vielleicht gerade deshalb. Du kennst mich nicht, und ich kenne dich nicht. Das ist die beste Voraussetzung, um einander zu vertrauen. Sollte uns irgendwann jemand hier herausholen, gehen wir beide unserer Wege und vergessen, was wir in dieser lauschigen Stunde am Heiligen Abend erfahren haben. Also nutze die Chance und erzähl mir, was du nicht einmal deiner Mutter anvertrauen würdest."

Hatte er recht? War es tatsächlich das Beste, ausgerechnet einem Fremden zu erzählen, was einen bewegte? Andererseits, jede Therapiestunde funktionierte so. Nie würde Betül bei jemandem professionellen Rat suchen, den sie kannte. Was sie im Innersten beschäftigte, würde sie nur jemandem anvertrauen, zu dem sie eine klare Distanz hatte. Warum also nicht einem Fremden im Fahrstuhl?

„Also schön", antwortete sie. „Ja, er ist liebevoll, freundlich, er sieht gut aus und ist ausgesprochen aufmerksam, auch im Bett. Das dürfte dich ja wohl am meisten interessieren."

„Aber?"

„Aber was?"

„Ich habe das Gefühl, dass jetzt noch etwas kommt, das deine Laudatio relativiert. Was trübt den Gesamteindruck von Mr. Perfect? Na komm schon, ich merke doch, dass du mir nicht alles erzählt hast."

„Worauf willst du hinaus?"

„Wenn wirklich alles so traumhaft wäre, wie du sagst, was lässt dich daran zweifeln, dass er der Mann fürs Leben sein könnte?"

Betül zögerte. Sie war drauf und dran, etwas auszusprechen, das ihr peinlich war, etwas, das sie sich noch nicht offen eingestanden hatte, weil es überheblich und arrogant klang, das sie jedoch vom ersten Tag an gespürt hatte. Sie konnte nichts dagegen machen, es war nun einmal ihr Gefühl.

„Ich fürchte, er fordert mich nicht genug", sagte sie schließlich.

„Wie meinst du das? Inwiefern fordert er dich nicht genug?"

„Das klingt wahrscheinlich ziemlich blöd, aber ich glaube, er ist mir intellektuell ein paar Stufen unterlegen."

„Er ist dämlich."

„Nein, Quatsch, dann wäre ich mit ihm sicher nicht zusammen, aber sein Horizont ist schon etwas beschränkt. Und ich bin mir nicht sicher, ob mir das auf Dauer genügen wird."

„Gib mir mal ein Beispiel, damit ich das verstehe."

„Er liest nicht."

„Ich lese auch wenig, na und?"

„Ich meine, er liest überhaupt nicht. Keine Bücher, keine Zeitung, keine Magazine, gar nichts. Höchstens die Kommentare unter Instagram Posts. Ich weiß gar nicht, wie er das mit seinem Studium anstellt."

„Stimmt, wer studiert, sollte ab und zu das ein oder andere lesen, sonst wird er nicht weit kommen."

„Er will sein Studium sowieso abbrechen und sich ganz auf seinen Sport konzentrieren."

„Um Himmels willen, also ein Traumtänzer."

„In der Hinsicht auf jeden Fall."

„Wäre er denn gut genug? Hat er schon irgendwelche Meisterschaften gewonnen oder andere Titel?"

„Nein, das nicht. Er ist wirklich talentiert. Aber bis ganz nach vorne, ich meine, bis er damit wirklich Geld verdienen könnte, ist es sicher ein weiter Weg."

„Und du? Was rätst du ihm?"

„Im Augenblick rate ich ihm noch gar nichts. Erst einmal will ich ihn besser kennenlernen, bevor ich mir anmaße, ihm Ratschläge zu erteilen."

„Obwohl du weißt, dass ihr vermutlich nicht zusammenbleibt, weil er zu blöd für dich ist."

„Das habe ich nicht gesagt."

„Aber gemeint. Wie ist es denn, wenn ihr euch unterhaltet? Stößt du da an seine Grenzen? Kann er dir irgendwann nicht mehr folgen?"

„Nein, das kann man so nicht sagen, obwohl er ganz gerne das Thema wechselt, wenn es ihm zu kompliziert wird. Ernste Gespräche sind nicht so sein Ding, er hat lieber Spaß."

„Willst du meinen Rat hören?"

„Sonst hätte ich es dir nicht erzählt."

„Mach Schluss mit dem Clown. Wenn du jetzt bereits weißt, dass er dir nicht das Wasser reichen kann, ist das nur verschenkte Lebenszeit. Such dir einen adäquaten Sparringspartner, einen, der dich fordert."

„Einen Teampartner, meinst du."

„Nein, zum Teampartner wird er in ein paar Jahrzehnten. Vorher brauchst du jemanden, an dem du deinen Verstand schärfen kannst. Jemanden, der dich an deine Grenzen bringt und dich nicht bewundernd anstarrt. Natürlich sollte er liebevoll sein und aufmerksam und alles andere, aber eine Beziehung auf Dauer muss eine Beziehung auf Augenhöhe …"

In diesem Moment knackste es im Lautsprecher, sie hörten ein Rauschen, und schließlich meldete sich die Stimme eines älteren Mannes, der sich in breitestem Hessisch entschuldigte, dass sie ein umfassendes technisches Problem in der Zentrale gehabt hätten und sie ihnen daher auch nicht hätten antworten können, doch sei ihr Notruf bereits vor einer Dreiviertelstunde eingegangen, und in wenigen Minuten müssten die Techniker da sein, um sie zu befreien.

Tatsächlich drang bereits wenige Augenblicke später das hallende Gespräch zweier Männer durchs Treppenhaus, und nur kurz darauf ruckte es im Fahrstuhl, woraufhin sich die Kabine fast lautlos in Bewegung setzte.

„Na, da hammer euch Hübsche ja grad nochema reschtzeitisch rausgeholt, was? Wär ja aach e schee Bescherung gewese, wenn ihr de Heilische Abend in so em kalte Lift hättet verbringe müsse."

Betül und der Anwalt bedankten sich für die Hilfe und verließen ohne zu zögern den Aufzug. Im Erdgeschoss verabschiedeten sie sich voneinander. Der Mann bedankte sich für die charmante Gesellschaft und wünschte ihr für das Studium und ihr Privatleben alles Gute. Und sollte sie im Fitnessstudio einmal Probleme bekommen, wüsste sie ja nun, wo sie einen Anwalt für Arbeitsrecht finden könnte. Dann lief er die Treppe zur Tiefgarage hinunter, während Betül nach draußen verschwand und erst einmal tief durchatmete. Die Luft war kalt, aber angenehm frisch. Sie holte ihr Handy heraus und sah auf die Uhr, die auf dem Display aufleuchtete. Es war kurz vor halb sechs.

Als sie wieder Netzempfang hatte, brummte das Gerät und zeigte ihr Ricos zahlreiche WhatsApp-Nachrichten an, aber auch die von Freundinnen, die sich gemeldet hatten, um ihr fröhliche Weihnachten zu wünschen. Vier Anrufe in Abwesenheit hatte sie erhalten, allesamt von Rico.

Sie lief über die Konstablerwache, auf der langsam weihnachtliche Ruhe einzukehren schien. Nur ein paar junge Männer standen zusammen und ließen aus ihren Smartphones türkische Musik dröhnen. Als Betül die Straßenbahnhaltestelle erreichte und auf der Anzeigetafel sah, dass die nächste Bahn in sechs Minuten eintreffen würde, wählte sie Ricos Nummer, der sogleich abhob und beruhigt war, endlich ihre Stimme zu hören. Er sei bereits bei seinen Eltern, und wo sie denn stecke.

Stecke träfe den Nagel auf den Kopf, sagte Betül und erzählte ihm, wie der Lift steckengeblieben war, wie niemand auf ihren Notruf reagierte, ihr Handy keinen Empfang bekam und dass sie schon gefürchtet hatte, die Nacht mit einem fremden Mann im Aufzug verbringen zu müssen. Und dass sie eben erst, nach einer guten Stunde, befreit worden wäre, und ob sie nun direkt zu seinen Eltern kommen solle oder noch die Zeit hätte, um sich wenigstens umzuziehen.

„Kein Stress", antwortete Rico. „Zieh dir ruhig was Schickes an, wir sind sowieso noch nicht komplett. Du wirst es nicht glauben, aber gerade eben, direkt bevor du mich angerufen hast, hat sich mein Vater gemeldet, und dem ist heute exakt dasselbe passiert wie dir. Den haben sie auch vor ein paar Minuten aus einem Fahrstuhl befreit. Was ein Zufall, oder?"

VOLLTREFFER

Die Fichte nadelte ihr noch den ganzen Boden voll. Dabei wollte Johanna eigentlich keinen Baum mehr aufstellen, ein paar Tannenzweige in der roten Bodenvase, die sie vor einer Ewigkeit aus ihrem letzten Urlaub im Schwarzwald mitgebracht hatte, hätten ihr vollauf genügt. Doch als Frau Böttcher aus der Nummer zweiundzwanzig letzte Woche überraschend bei ihr geklingelt hatte, brachte sie es nicht übers Herz, die Annahme des Geschenks zu verweigern. Es sei auch nur ein ganz kleiner Baum, hatte Frau Böttcher eingewandt, als sie Johannas Zögern bemerkte, bevor sie das gute Stück ebenso unbeirrt wie ungefragt dort abstellte, wo es jetzt stand. Das sei ein ganz hervorragender Platz, befand Frau Böttcher zufrieden und bot der Nachbarin überdies Kugeln sowie eine Lichterkette an, sollte Johanna Christbaumschmuck benötigen. Dann brach sie wieder auf, strich der alten Frau zum Abschied über den Arm und ließ sie wissen, dass sie jederzeit klingeln könnte, wenn etwas sei oder sie sich über die Feiertage alleine fühle.

Johanna bedankte sich, schloss die Tür, schlurfte in den abgewetzten Hausschuhen in die Küche, nahm die Kanne mit dem Rest Tee von gestern Abend von der Anrichte und stellte sie in die Mikrowelle. Eine halbe Minute sollte genügen, schätzte sie, sonst verbrannte sie sich womöglich noch die Zunge, so wie neulich erst.

Alleine.

An den Feiertagen.

Johanna stützte sich mit der Hand an der Küchenzeile ab und sah aus dem beschlagenen Fenster in den hinter dem Haus angrenzenden Garten. Winzige Schneeflocken wehten seit dem Vormittag fast waagerecht durch die Luft, zu leicht, um bei dem kräftigen Wind, der seit gestern herrschte, auf direktem Weg zu Boden zu fallen.

Ein heller, mechanischer Glockenton erklang, Johanna öffnete die Tür der Mikrowelle, nahm die dampfende Kanne heraus und goss sich ein. Als ihr Blick auf den Kalender der Apotheke fiel, bemerkte sie, dass unter der bayerischen Berglandschaft noch der gestrige Tag angezeigt wurde. Sie riss das Blatt ab, überflog die Weisheit auf der Rückseite und warf den Zettel in die Altpapiertüte, die an der Klinke der Küchentür hing. Heute war der zwanzigste Dezember, noch vier Tage bis Heiligabend.

Das Weihnachtsfest bedeutete Johanna nicht mehr viel. Weihnachten, das war ein Fest für Familien mit kleinen Kindern, die sich sicher auch heute noch die Augen aus dem Kopf staunten, wenn sie die Tür des Wohnzimmers öffnen durften und dahinter den über und über geschmückten Baum mit den leuchtenden Kerzen entdeckten. Zumindest hoffte Johanna, dass es noch genau so war, wie sie es aus ihrer eigenen Kindheit erinnerte. Vielleicht auch nicht, denn die Welt hatte sich in den letzten Jahrzehnten so schnell und so grundlegend verändert, dass die alte Dame gar nicht mehr mitkam. Und nicht alles hatte sich zum Besseren gewandelt, fand Johanna.

Die wärmende Tasse in der Hand ging sie vorsichtig zurück ins Wohnzimmer und schaltete das Radio ein. Gleich bei den ersten Takten erkannte sie das Weihnachtsoratorium, das passte gut, danach war ihr gerade. Bach hatte sie immer verehrt, diese exzellente, nach strengen Regeln der Logik aufgebaute Musik. Ganz anders als Mozarts fantastische Geniestreiche oder die Dramatik und Opulenz eines Gustav Mahler. Johanna regelte die Lautstärke so, dass die lauten Chorpassagen nicht die Nachbarn störten, sie die leisen Rezitative jedoch noch mitbekam. Mit den Höhen hatte sie in letzter Zeit gewisse Schwierigkeiten, ihr Gehör war nicht mehr das Beste. Doch sei das in ihrem Alter durchaus normal, hatte ihr die Ohrenärztin bestätigt und ihr auch gleich ein Hörgerät angeraten, das Johanna als überflüssige Investition bislang verweigert hatte.

Die alte Frau ließ sich in dem abgewetzten grauen Sessel nieder, setzte die Füße auf den Schemel und blickte geradewegs auf das Bäumchen der Nachbarin. Irgendwo musste sie den Christbaumschmuck aufgehoben haben, überlegte sie, vermutlich in einer der Kisten auf dem Speicher. Wenn ihr danach war, würde sie später danach sehen, der Gang bis nach ganz oben war jedoch beschwerlich. Bereits das Steigen der steilen Treppe in den ersten Stock, in dem sich Johannas Schlafzimmer und das Bad befanden, bereitete ihr von Tag zu Tag mehr Mühe, und sie fürchtete den Moment, in dem ihr der Weg ins Obergeschoss unmöglich werden würde. Was dann?

Zum Speicher gelangte sie vom Flur der ersten Etage aus durch eine in der Decke eingelassene Klapptür, die sich mit einer Stange öffnen ließ, an dessen Ende ein Haken montiert war. Auf der Innenseite der Klapptür verbarg sich wiederum die Schiebeleiter, die sich mit etwas Kraft herabziehen ließ und noch steiler war als die Stufen der Treppe. Nicht das Hinaufsteigen bereitete Johanna Sorge; das Herabsteigen, bepackt mit einer Kiste Weihnachtsschmuck, war das größere Problem. Im schlimmsten Fall brach sie sich dabei den Hals und würde erst an Neujahr gefunden werden, wenn Frau Böttcher, wie jedes Jahr, mit einem Glücksschweinchen aus Marzipan vorbeikam.

Jauchzet, frohlocket, auf, preiset die Tage, sang der Chor im Radio, als es an der Haustür läutete. Johanna erwartete keinen Besuch, tatsächlich bekam sie nur selten Gäste. Alina vom Pflegedienst konnte es nicht sein, die suchte sie immer dienstags und donnerstags auf. Vermutlich war es der Paketbote, der von Zeit zu Zeit etwas für den jungen Mann in der neunzehn abgab, den er tagsüber nie zu Hause antraf. Manchmal bewahrte Johanna für ihn gleich mehrere Sendungen im Flur auf, die der Bursche tagelang nicht abholte. Das musste sowieso mal ein Ende haben, es störte sie zusehends. Vielleicht sollte sie einfach die Annahme verweigern, das Recht hatte sie schließlich. Doch als sie die Tür öffnete, fest entschlossen, dem Boten die Leviten zu lesen, stand dort eine junge Frau, und sie hielt auch kein Paket in der Hand, sondern trug stattdessen einen Rucksack über der Schulter.

„Frau Ehrhardt? Johanna Ehrhardt?", fragte die Frau schüchtern und lächelte freundlich. Die Fältchen um ihre Augen ließen erahnen, dass sie nicht ganz so jung war, wie Johanna auf den ersten Blick vermutet hatte. Anfang dreißig mochte sie sein, vielleicht Mitte dreißig. Die kurzen, kastanienbraunen Haare fielen ihr locker und unordentlich in die Stirn.

„Das bin ich. Was wollen Sie? Ich kaufe nichts und unterschreibe auch nichts. An Umfragen beteilige ich mich schon gar nicht."

Die Frau lachte auf. „Keine Sorge, Frau Ehrhardt, nichts dergleichen. Dürfte ich vielleicht kurz hereinkommen? Es dauert auch nicht lange."

Johanna sah sie misstrauisch an. Erst neulich hatten sie bei *Aktenzeichen XY* davor gewarnt, fremde Leute in die Wohnung zu lassen und dabei besonders über den sogenannten Enkeltrick berichtet. Eine dreiste Masche, bei der die Diebe alte Leute anriefen und so taten, als würden sie deren Enkel oder Enkelin kennen, die angeblich in Geldnot wären, dabei stimmte das gar nicht. Auf diese Weise versuchten sie, die leichtgläubigen Rentner um ihr Bares zu prellen.

Doch Johanna hatte keine Enkel. Johanna hatte nicht einmal Kinder, und die junge Frau stand ganz alleine vor der Tür und machte überdies einen recht ordentlichen Eindruck.

„Schön, dann kommen Sie mal. Sind Ihre Schuhe sauber? Ich hab gerade geputzt."

„Blitzblank", antwortete die Frau. „Ich bin mit dem Auto da, aber ich kann sie auch gerne ausziehen, wenn Sie möchten."

„Nicht nötig", sagte Johanna. „Streifen Sie sie einfach ab."

„Möchten Sie vielleicht eine Tasse Tee? Ich habe noch einen Schluck in der Kanne", bot Johanna an und verschwand in die Küche, während die Frau unschlüssig im Wohnzimmer blieb und sich umsah.

„Setzen Sie sich doch", sagte Johanna, als sie zurückkehrte, stellte die Tasse auf dem Tisch ab, bot ihrem Gast den guten Platz auf dem Sofa an und schaltete das Radio aus. „Jetzt verraten Sie mir erst mal, wie Sie heißen und warum Sie überhaupt hier sind. Wenn Sie die Gemeinde geschickt hat, können Sie gleich wieder gehen, mit denen habe ich nichts mehr am Hut."

„Entschuldigen Sie, Frau Ehrhardt, wie unhöflich von mir. Mein Name ist Melanie Lange, und ich bin nicht von der Kirche. Aber wenn ich Sie nicht anders gefunden hätte, hätte ich als Nächstes bestimmt in den Kirchenbüchern nach Ihnen gesucht."

„Sie haben mich gesucht?"

„Das habe ich. Und ich bin froh, dass Sie anscheinend nie geheiratet haben. Jedenfalls tragen Sie nach wie vor Ihren Mädchennamen."

„Woher wissen Sie das alles?", fragte Johanna verwundert. „Und warum interessieren Sie sich überhaupt für mich?"

Erneut lächelte die junge Frau und betrachtete Johannas Gesicht, als würde sie dort einen Hinweis vermuten.

„Sie sind Johanna Maria Ehrhardt und haben früher einmal in der Gartenstraße, unweit der Schweizer Straße gewohnt?"

„Das ist absolut richtig. Aber das ist lange her, sehr lange her."

„Mein Mann und ich sind in das Haus gezogen, in dem Sie damals wohnten. Ins Erdgeschoss. War das zufällig die Wohnung Ihrer Familie?"

„Nein, wir lebten im ersten Stock. Uns gehörte die ganze Etage. Eine schöne Wohnung. Sehr hell und ausgesprochen großzügig. Viel größer als das kleine Häuschen hier. Und Sachsenhausen war auch eine ganz andere Gegend als der Riederwald. Aber jetzt kommen Sie doch mal zum Punkt, Frau ... wie war noch Ihr Name?"

„Melanie, sagen Sie doch einfach Melanie."

„Schön, Melanie. Das kann ich mir hoffentlich noch merken. Ist in meinem Alter nicht mehr so einfach, müssen Sie wissen. Ich werde nächstes Jahr zweiundneunzig."

„Dafür haben Sie sich blendend gehalten, wenn ich das sagen darf."

„Sie müssen mir nicht schmeicheln. Glauben Sie mir, ich weiß, wie alt ich bin und ich weiß auch, dass mir nicht mehr allzu viel Zeit bleibt. Aber ich wollte Sie nicht unterbrechen. Sie wollten mir verraten, weswegen Sie mich aufgesucht haben."

Die junge Frau lehnte sich zurück und blickte Johanna interessiert in die Augen. „Frau Ehrhardt, wissen Sie, welchen Tag wir heute haben?"

„Heute ist Dienstag, wenn ich nicht irre."

„Das ist richtig. Aber ich meine das Datum."

„Ist heute nicht der Zwanzigste?"

„Der zwanzigste Dezember, ganz genau. Verbinden Sie mit diesem Tag irgendetwas? Vielleicht etwas, das vor langer Zeit passiert ist?"

Johanna überlegte, doch ihr fiel nichts ein. Sie verstand den Sinn der Frage auch gar nicht. Was sollte am zwanzigsten Dezember gewesen sein, und warum wollte die Frau das von ihr wissen?

„Gehen Sie in Ihrer Erinnerung doch einmal zurück in die Kriegsjahre, als Sie ein junges Mädchen waren und in Sachsenhausen lebten."

Der Krieg, herrje, glücklicherweise war der schon so lange vorbei, jedenfalls hier, in Frankfurt. Wenn sie nur wüsste, worauf Frau Lange hinaus wollte! Johanna suchte in ihren Erinnerungen nach einem Anhaltspunkt. Ihr Langzeitgedächtnis wurde von Jahr zu Jahr besser. An die unwichtigsten Kleinigkeiten konnte sie sich auf einmal wieder erinnern, während es ihr gleichzeitig immer schwerer fiel, zu sagen, was sie am gestrigen Tag gemacht hatte.

Sachsenhausen. Sie hatte dort ihre Kindheit verbracht, fröhliche, unbeschwerte Jahre. Bis zu dem Tag, an dem die Bomben fielen. Die Bomben, ja natürlich, womöglich meinte sie das.

„Ich kann mich erinnern, dass unser Haus kurz vor Weihnachten 1943 einen Volltreffer erhielt. Das Gebäude war von einer Luftmine bis auf die Grundmauern zerstört worden. War das vielleicht der zwanzigste Dezember, von dem Sie sprechen? Beim Datum bin ich mir nicht ganz sicher, ich weiß aber, dass wir bereits den Christbaum aufgestellt hatten."

„Am zwanzigsten Dezember erlebte Sachsenhausen seinen zweiten schweren Bombenangriff, und das war Ihr letzter Tag in der Wohnung in der Gartenstraße."

„Dann war das also der Tag."

„Ja, heute vor genau neunundsiebzig Jahren, Frau Ehrhardt, auf den Tag genau. Im Stadtarchiv erfuhr ich, dass Ihr Stadtteil bereits zwei Monate davor, Anfang Oktober, schwer bombardiert worden war. Ihr Zuhause war beim ersten Angriff verschont geblieben."

„Wir hatten Glück, ich erinnere mich gut, es war ein Montag. Morgens hatten sie Heddernheim bombardiert, abends war die Innenstadt dran. Der Römer wurde getroffen, die Paulskirche, der ganze Liebfrauenberg lag in Schutt und Asche, aber auch auf die andere Mainseite hatten sie es abgesehen. Vom Osten Sachsenhausens bis rüber nach Oberrad. Ich weiß noch, dass meine Mutter und ich den Angriff im Luftschutzkeller der Schillerschule verbrachten. Da war ja schon ein paar Jahre kein Unterricht mehr möglich, denn gleich zu Beginn des Kriegs hatten sie dort Soldaten untergebracht. Es war schrecklich, das kann man sich heute gar nicht mehr vorstellen. Diese Angst vor dem Knall, wenn man das Pfeifen der fallenden Bomben hörte, und kurz danach das furchtbare Beben des Bodens nach der Explosion. Es stimmt, Sie haben recht, Melanie. Unser Haus blieb an dem Tag noch heil. Was waren wir froh, mein Gott, was waren wir froh, das weiß ich noch wie heute. Überall hatte es geraucht, Steine lagen herum und Scherben. Furchtbar, ganz furchtbar."

„Ein älterer Herr aus der Nachbarschaft erzählte mir, dass Ihr Haus beim zweiten großen Angriff kurz vor Weihnachten zerstört wurde."

Johanna Ehrhardt nickte stumm. Sie starrte auf ihre Teetasse und rührte gedankenverloren mit dem Löffel darin herum.

„Es waren noch viel mehr Flieger als beim letzten Angriff, und wir mussten uns beeilen, um noch einen Platz im Keller zu bekommen. Nach dem Angriff im Oktober hatten wir überlegt, ob wir die Stadt nicht lieber verlassen sollten. Meine Mutter vermutete aber, dass ihnen die Zerstörung der Innenstadt womöglich genügen würde und entschied sich zu bleiben. Außerdem hoffte sie, etwas von meinem Vater zu hören und wollte daheim sein, wenn er zurückkehrte. Er war seit einundvierzig im Osten und galt seit einem Jahr als vermisst."

„Entschuldigen Sie, Johanna, ich müsste nur kurz meinem Freund Bescheid geben, dass ich bei Ihnen bin", unterbrach die junge Frau Johannas Erinnerungen und zog ein Handy aus dem Rucksack. Sie tippte mit zwei Fingern auf die Tastatur des Displays, dann steckte sie es wieder weg und sagte: „Ich bin wieder da. Ihr Vater war also nicht bei Ihnen."

„Nein, wir waren auf uns allein gestellt", fuhr Johanna fort. „Das war nicht einfach, vor allem für meine Mutter. Sie hatte es immer bedauert, dass der liebe Gott ihr nur ein Kind geschenkt hatte, aber in diesen schweren Zeiten war sie doch froh, nur einen Mund stopfen zu müssen."

„Erzählen Sie mir ein bisschen von dem Tag, Frau Ehrhardt."

„Der Tag?", fragte die alte Frau. „Meinen Sie den Tag, an dem unser Haus zerbombt wurde? Was möchten Sie denn gerne wissen?"

„Können Sie sich erinnern, was Sie am zwanzigsten Dezember gemacht haben? Wo Sie waren? Mit wem Sie den Tag verbrachten?"

„Ich bitte Sie, Melanie, wie soll ich das denn wissen? Das ist doch schon so lange her."

„Vielleicht hatten Sie Freunde gesehen. Oder Ihre beste Freundin."

„Oh, bestimmt. Luise habe ich damals täglich gesehen."
„Luise Maybach?"
Erstaunt sah Johanna ihren Gast an.
„Sie kennen Luise? Woher wissen Sie das überhaupt alles?"

71

„Sie gingen mit Luise in eine Klasse, nicht wahr? Und Sie waren mit ihr beim BDM."

„Nein, da hätten wir erst im Jahr darauf hingemusst. Ging ja gar nicht anders. Aber nun erzählen Sie schon, Melanie. ich verstehe rein gar nichts mehr. Sie kommen herein, fragen mich nach Dingen, die vor einer Ewigkeit passiert sind, kennen unser Haus, kennen Luise ... sagen Sie, was geht hier eigentlich vor? Ich möchte das nun wirklich gerne erfahren."

Melanie lächelte, nahm Johannas Hand und drückte sie.

„Es ist alles gut, Frau Ehrhardt. Ich habe eine kleine Überraschung für Sie, sagen wir ein kleines Weihnachtsgeschenk, aber ..."

„Eine Weihnachtsüberraschung? Für mich?"

„... aber die verrate ich Ihnen noch nicht. Erst möchte ich, dass Sie mir noch ein bisschen von sich erzählen. Sie haben also den zwanzigsten Dezember mit Luise verbracht."

„Ich denke schon. Manchmal waren wir bei ihr, manchmal unten am Main, aber meistens haben wir uns bei mir zuhause getroffen. Meiner Mutter war das sehr recht, sie musste arbeiten, und dann war ich nicht so alleine. Ich war ja erst dreizehn."

„Sie mochten Luise sehr."

„Ja, das tat ich", antwortete Johanna und ihre Augen leuchteten. „Ich schwärmte regelrecht für sie, sie war bildhübsch und immer so fröhlich. Sie hatte überall Lachfältchen, genau wie Sie."

„Und Luise mochte sie auch, nehme ich an."

„Ja, Luise mochte mich auch, sehr sogar. Ach, wir waren damals eben Backfische."

„Können Sie sich noch erinnern, wann Sie sich das letzte Mal gesehen hatten?"

„Das muss dieser Tag gewesen sein. Nach dem Angriff warteten meine Mutter und ich noch eine Weile, bis wir sicher sein konnten, dass die Flieger abgedreht hatten, erst dann trauten wir uns nach Hause. Doch als wir in der Gartenstraße ankamen, bot sich uns ein erschütternder Anblick. Wo ein paar Stunden zuvor unser gemütliches Zuhause gewesen war, fanden wir nur noch die zerstörten Überreste der Fassade vor. Nichts hatte die Bombe übriggelassen. Die Etagen über uns waren in sich zusammengefallen und hatten unsere schöne Wohnung im ersten Stock unter sich begraben. Von einem Moment auf den anderen besaßen wir nichts mehr, Melanie, rein gar nichts. Die Nacht nach dem Angriff konnten wir bei einer Frau in der Nachbarschaft bleiben, doch am Tag darauf entschied meine Mutter, Frankfurt zu verlassen. Ich weiß noch gut, wie sie sich erst kurz zuvor mit Händen und Füßen gegen die KLV gewehrt hatte."

„Die Kinderlandverschickung?"

„Meine Mutter lehnte es strikt ab, dass ich irgendwo nach Bayern, Thüringen oder, Gott bewahre, Richtung Osten gebracht wurde. Aber nach dem Angriff war dann auch für sie der Zeitpunkt gekommen, mich in Sicherheit zu bringen. Wir hinterließen auf den Mauerresten des Hauses eine mit Kreide geschriebene Botschaft für meinen Vater und brachen zum Bahnhof auf. Der Zug war heillos überfüllt, doch wir fanden Platz und er brachte uns nach Bad Nauheim. Von dort aus gingen wir zu Fuß in ein kleines Dorf bei Usingen, wo wir bei einer Cousine meines Vaters unterkamen. Ihr Mann und sie besaßen einen kleinen Hof, auf dem wir mitarbeiteten und anständig verpflegt wurden, dafür erlaubten sie uns, bei ihr zu wohnen."

„Und Luise?"

„Luise sah ich nie wieder. Als wir weit nach Kriegsende das erste Mal nach Frankfurt zurückkehrten, fanden wir auch ihr Haus nur noch als Ruine vor. Es war den schweren Bombardierungen im März vierundvierzig zum Opfer gefallen. Von

Luise und ihren Eltern fehlte jede Spur. Ich hoffte inständig, dass sie bei dem schrecklichen Angriff nicht ums Leben gekommen war, Genaueres konnte mir niemand sagen. Vielleicht hatten sie es aber auch geschafft, die Stadt noch rechtzeitig zu verlassen und wohnten nun einfach irgendwo anders. Ich habe es leider nie erfahren. Jeden Tag musste ich im Taunus an sie denken, und auch später konnte ich sie nie vergessen. Ich vermisste sie sehr."

Johanna schwieg und sah aus dem Fenster. Melanie nutzte den Moment und öffnete ihren Rucksack. Vorsichtig zog sie einen vergilbten Briefumschlag heraus und legte ihn vor Johanna auf den Tisch.

„Als mein Freund Luke und ich in das Haus in der Gartenstraße zogen, haben wir einen Teil unserer Sachen natürlich in den Keller geräumt. Beim Aufstellen der Regale blieben wir an einem vorstehenden Ziegel der Außenmauer hängen, der sich im Laufe der Jahre wohl gelöst hatte. Der Keller ist in keinem besonders guten Zustand, müssen Sie wissen. Er ist zwar nicht feucht, aber an vielen Stellen der Außenmauer bröckelt der Putz, unter anderem auch dort, wo sich der Stein gelockert hatte. Luke zog ihn heraus, dabei bemerkte er, dass der Ziegel innen hohl war. Ein Versteck, in dem wir diesen Brief fanden."

Vorsichtig nahm Johanna das alte Kuvert und entnahm ihm einen Bogen hauchdünnen Papiers. Die Buchstaben waren für ihre weitsichtigen Augen allerdings viel zu klein geschrieben. Suchend sah sie sich um, und Melanie half ihr, gab ihr die Lesebrille, deren verschmierte Gläser Johanna vermutlich gewohnt war. Die alte Frau setzte sie auf, dann überflog sie die in sorgfältiger Handschrift verfassten Zeilen, deren Urheberin sie sofort erkannte. Tränen traten ihr in die Augen, die sie mit dem Taschentuch trocknete, das sie immer in der Ritze ihres Sessels verbarg.

„Sie hat den Krieg überlebt", sagte Melanie. „Nachdem auch das Haus ihrer Familie den Bomben zum Opfer gefallen war, hatten die Maybachs eine kurze Zeit in ihrer Sachsenhäuser Schrebergartenlaube verbracht, ehe sie in die Nähe von Stuttgart übersiedelten, wo ihr Vater nach dem Krieg mithalf, das Daimler-Werk in Untertürkheim wiederaufzubauen. Luise hatte lange versucht, etwas über Sie zu erfahren, aber ohne Erfolg."

„Wie sollte sie auch? Nachdem wir nach Kriegsende die Mitteilung bekamen, dass mein Vater beim Rückzug der Deutschen gefallen war, heiratete meine Mutter nur wenige Monate später einen Mann aus Usingen, der im Ort einen kleinen Lebensmittelladen besaß. So waren wir zumindest versorgt, und es ging uns viel besser als den meisten Menschen in Frankfurt. Ich beendete dort auch die Schule und zog erst Ende 1950 zurück in die Stadt, arbeitete ein paar Jahre bei einem Versandhaus in der Hanauer Landstraße und später dann in der Kurzwarenabteilung beim Schneider auf der Zeil."

„Entschuldigen Sie bitte, dass ich Ihren Brief geöffnet habe, aber ich muss gestehen, dass ich noch nie eine schönere Liebeserklärung zweier Menschen lesen durfte."

„Ja, Melanie, wir waren einander sehr zugetan. An diesem Tag ... jetzt, wo ich darüber spreche, erinnere ich mich wieder ... waren wir zuhause in meinem Zimmer und wollten uns unserer Liebe versichern. Wir standen sicherlich noch unter dem Eindruck des ersten Angriffs im Oktober und wussten, wie leicht es passieren konnte, dass einem von uns beiden etwas zustieß. Und so wollten wir eine Botschaft hinterlassen, für uns, falls wir uns durch die traurigen Umstände aus den Augen verlieren sollten ... die Spinnerei junger Mädchen."

„Keineswegs, Frau Ehrhardt, das ist sehr schön."

„Wir suchten nach einem Platz, der uns sicher genug erschien, um den Brief gut und sicher zu bewahren und wo wir ihn nach der schlimmen Zeit wiederfinden würden. Ich wusste von dem hohlen Stein in der Kellerwand. Er war locker und ließ sich herausnehmen, seitdem ich mich erinnern kann. Mein Vater wollte ihn immer festmörteln, doch dazu kam es nicht mehr. Der Platz war ideal."

„Und tatsächlich hat er nicht nur die Zerstörung des Hauses überstanden, sondern ist auch fast achtzig Jahre unentdeckt geblieben", sagte Melanie. „Als ich den Brief gelesen hatte, konnte ich nicht anders als herauszufinden, ob Sie beide noch am Leben waren. Ich bin Journalistin, wissen Sie, da muss man solchen Dingen einfach nachgehen. Und natürlich hat es mir geholfen, dass Sie Ihren Liebesschwur mit vollem Namen unterschrieben hatten."

„Wo lebt Luise heute?", fragte Johanna.

„Sie wohnt in einem Pflegeheim in Eckenheim. Es geht ihr dort gut. Nach dem Tod ihrer Lebensgefährtin vor acht Jahren wollte sie nicht mehr alleine bleiben und ist dorthin gezogen."

„Sie hat also mit einer Frau zusammengelebt."

„Ja, genau wie Sie hat Luise nie geheiratet."

Johanna erhob sich vom Sessel, ging zur kleinen Anrichte aus Nussbaumholz neben der Flurtür und nahm das eingerahmte Bild, das dort stand. Wortlos drückte sie es Melanie in die Hand.

„Erkennen Sie mich?", fragte sie, als sie sich wieder gesetzt hatte.

Die Journalistin sah sich das Bild genau an. Es zeigte zwei hübsche junge Frauen in kurzen Sommerkleidern, die an einem Geländer lehnten und in die Kamera lachten. Im Hintergrund war das Niederwalddenkmal in Rüdesheim zu sehen.

„Das sind Sie, richtig?", sagte Melanie und deutete auf das brünette Mädchen, das den Arm um die Hüfte ihrer blonden Freundin gelegt hatte.

„Es stimmt, das bin ich. Genau wie Luise habe ich mir nie etwas aus Männern gemacht. Das ist Martha. Sie war eine Kollegin und wurde sehr schnell auch meine Freundin. Wir haben aber nie zusammengelebt, wir behielten beide unsere kleinen Wohnungen, bis sie ganz unerwartet und viel zu jung an Krebs starb. Danach gab es für mich niemanden mehr."

Die Türklingel schellte und holte Johanna aus ihren Erinnerungen zurück. Sie wollte schon aufstehen, um zu öffnen, doch Melanie kam ihr zuvor. Sie öffnete die Haustür und Johanna bekam mit, dass sich die junge Frau mit einem Mann unterhielt. Neugierig erhob sich Johanna aus dem Sessel, als Melanies Kopf im Türrahmen erschien. Ihre Augen strahlten.

„Ich hatte Ihnen eine Weihnachtsüberraschung versprochen, Frau Ehrhardt. Hier ist sie."

Melanie trat zur Seite und, eingehakt am Arm eines jungen Mannes, lugte eine ältere Dame ins Wohnzimmer. In ihrem pelzbesetzten dunklen Mantel, dem weitfallenden Seidenschal um den Hals und dem raffiniert mit schwarzen Perlen verzierten Hut sah sie aus wie eine Gräfin. Um die Augen zeigten sich unzählige kleine Lachfältchen.

Sprachlos hielt sich Johanna die Hände vor den Mund und begann zu weinen. Luise trat auf sie zu und nahm die Freundin aus Kindheitstagen in die Arme.

„Johanna", sagte Luise. Nur ihren Namen, kein weiteres Wort. Gleichfalls gerührt wie bewegt standen die alten Damen im Wohnzimmer und hielten sich fest.

„Ich schlage vor, dass wir Sie jetzt alleine lassen. Sie haben sich sicher viel zu erzählen. Luke holt Luise später ab und bringt sie zurück. Rufen Sie mich einfach an. Von Sachsenhausen aus sind wir in einer guten halben Stunde bei Ihnen."

Melanie legte ihre Visitenkarte auf den Wohnzimmertisch und war bereits im Begriff zu gehen, als Johanna ihre Hand ergriff.

„Sie hat der Himmel geschickt, Melanie. Wie soll ich Ihnen bloß danken?"

„Fröhliche Weihnachten", sagte die Journalistin lächelnd. Dann verließ sie mit ihrem Freund das Haus und zog die Haustür hinter sich zu.

„Volltreffer, würde ich sagen", meinte Luke und legte den Arm um seine Freundin. „Hast du ihren Blick gesehen?"

„Und das nach so langer Zeit", antwortete Melanie. „Da müssen wir auch hin, Luke, oder? Das ist doch mal ein Ziel. Und ich weiß auch schon, was wir machen."

„Na?"

„Du und ich, wir schreiben uns ebenfalls einen Brief. Den Stein haben wir ja noch, der kommt einfach wieder in die Wand. Irgendwann wird ihn jemand finden und herausholen."

„Schöne Idee", sagte Luke. „Lass uns das tun."

Er küsste sie, dann stiegen sie in seinen Golf und fuhren los. Melanies Wagen ließen sie stehen, bis sie am Nachmittag zurückkehren würden, um Luise zurückzubringen. Als sie um die Ecke bogen, wirbelte der Wind die Schneeflocken durch die kalte Luft. Wenn sie viel Glück hatten, blieb der Schnee bis Weihnachten liegen.

DER WINTERGABENBRINGENDE

Zugegeben, ich hätte vielleicht stutzig werden sollen, als mir Mona den Job anbot, den sie als ein quasi verfrühtes Weihnachtsgeschenk anpries.

„Hundertfünfzig bar auf die Hand", sagte sie. „Für einen Nachmittag. Dafür musst du sonst jede Menge Sushi ausfahren."

Sie strahlte mich mit einem Mäzenatenlächeln an, als hätte sie handstreichartig alle meine Zukunftsprobleme gelöst, von denen ich nicht einmal ahnte, dass ich sie hatte. Denn eigentlich ging es mir ziemlich gut, es gab keinen Grund zu klagen. Ich studierte seit einigen Semestern VWL, bewohnte ein lichtdurchflutetes Zimmer einer Dreier-WG im Oederweg, wurde von meinen Eltern großzügig finanziell unterstützt und verdiente mir seit letztem Frühjahr ein nettes Zubrot als Fahrer eines Lieferdienstes für Frankfurter Restaurants. Unterm Schnitt kam ich damit mehr als ordentlich durch. Ich konnte mir sogar eine üppige Flatrate für mein Smartphone leisten und die Monatsbeiträge für zwei Streamingdienste abbuchen lassen. Außerdem hatte ich es bislang jedes Jahr geschafft, wenigstens ein paar Wochen lang der Stadt den Rücken zu kehren, um mit Freunden Urlaub zu machen.

Mona zählte zu diesen Freunden, genauer gesagt zu meinen Freundinnen mit Freundesstatus, die bei aller Unterschiedlichkeit das Gefühl verband, sich um mich kümmern zu müssen. Was genau sie dazu bewog, war mir nach wie vor schleierhaft.

„Hundertfünfzig? Klingt gut. Was muss ich dafür tun?", wollte ich wissen. Denn natürlich wäre es trotz allem vermessen gewesen, ein derart lukratives Angebot leichtfertig auszuschlagen. Allerdings: Wenn ich eins in meinem sechsundzwanzigjährigen Leben gelernt hatte, dann dass es kein einfach verdientes Geld gab. Irgendeinen Haken musste die Sache haben. Vermutlich stellte sich bei genauerem Hinsehen heraus, dass der Nachmittag, von dem Mona sprach, sich über das ganze Wochenende zog.

„Du spielst Weihnachtsmann", strahlte mich Mona an. „In meiner Klasse. Was sagst du jetzt?"

Mona war seit etwas mehr als einem Jahr als Lehrkraft in einer Privatschule im Westend angestellt und ging die Aufgabe ausgesprochen ambitioniert an. Sie veranstaltete Feng-Shui-Kurse für alle vierten Klassen, gab spielerische Achtsamkeits-Trainings, organisierte Ausflüge auf Öko-Bauernhöfe und engagierte sich als Klassenlehrerin der 3c darüber hinaus bei der Spielplatzreinigung des Holzhausenparks. Ihre Klasse war mit viel Begeisterung bei der Sache, was die ständig präsenten Eltern wohlwollend goutierten. Die junge Lehrerin entsprach genau ihren Vorstellungen. Sie schien bestens geeignet, den Nachwuchs mit ebenso viel Liebe wie Engagement auf die Herausforderungen des Lebens vorzubereiten. Die Planung der Klassenweihnachtsfeier, mutmaßte ich, war wohl Monas nächstes Projekt, in dem offensichtlich auch mir eine Rolle zugedacht war: die des Mannes im roten Mantel.

„Ich als Weihnachtsmann? Sollte der nicht ein bisschen betagter sein?"

„Das Alter ist nicht wichtig, Niko. Auf die Ausstrahlung kommt es an."

„So? Was strahle ich denn aus? Was Gemütliches, Großväterliches?"

Mona musste lachen und knuffte mich in den Arm. „Unsinn, du bist warmherzig, freundlich und wirkst vertrauensvoll. Du bist die perfekte Besetzung für meine Kleinen."

„Wenn du meinst."

Ich für meinen Teil war da nicht so sicher. Meine persönliche Vorstellung des Weihnachtsmanns stimmte mit dem Anblick, der sich mir morgens im Spiegel offenbarte, maximal im selben Geschlecht überein. Mein Haar war blond, die Augen blau und meine Haut hätte ich, abgesehen von den roten Flecken am Hals, die meiner Vorliebe zur Nassrasur geschuldet waren, als eher blässlich bezeichnet. „Ich habe nicht mal einen Bart, Mona, schon gar keinen grauen. Wo gibt's denn einen Weihnachtsmann ohne Bart?"

„Jetzt mach nicht gleich so ein Theater, den kannst du dir bis dahin doch wachsen lassen oder ankleben. Wo ist denn das Problem?"

„Hundertfünfzig sagtest du?"

„Bar auf die Hand. Und wenn du dich gut anstellst, steckt dir die eine oder andere Mama vielleicht noch ein bisschen Taschengeld in den Ausschnitt."

„Wieso Mama? Sind die etwa dabei?"

„Gott bewahre, nein, zumindest ist das nicht geplant, aber natürlich wollen sie dich davor kennenlernen."

„Ah, also schon etwas mehr als ein Nachmittag mit Sack und Rute." Wusste ich es doch: Die Sache hatte einen Haken. Vor meinem geistigen Auge erschien eine Art Tribunal, das darüber richtete, ob mein Auftreten den zarten Kinderseelen der 3c zuzumuten war. Ein als Elternabend getarnter Seelenstriptease.

„Ich habe die Eltern für nächsten Mittwochabend eingeladen, da kommst du mit, stellst dich vor, machst einen Diener und gehst wieder. Keine große Sache, die wollen dich nur kurz beschnuppern."

„Beschnuppern?", antwortete ich. „Und was wollen die wissen?"

„Gar nichts", sagte Mona. „Die sind im Grunde ganz nett, wirst sehen."

Genau das aber gab mir zu denken. Wer sagte mir, dass Monas und meine Vorstellung von *nett* sich nicht grundlegend unterschieden? Andererseits verdiente ich auf die Weise schnell und leicht das Geld für meine Geschenke. Ein bisschen *hohoho* würde ich locker hinkriegen, wäre ja gelacht. Also sagte ich leichtfertig zu und trug mir das Vorstellungsgespräch als Weihnachtsmann in den Kalender ein.

Am Mittwoch darauf war es so weit. Mona war bereits vorgegangen, um das ein oder andere vorzubereiten und hatte mir eine Nachricht auf die Mailbox gesprochen, dass ich bitte gegen halb acht in der Schule eintreffen solle, erster Stock, Klassenraum hundertzwölf.

Was trug man, wenn man sich als Weihnachtsmann bewarb? Rotes Hemd? Rote Hose? Mit weißem Kunstpelz besetzt? Nein, entschied ich nach kurzem Überlegen, der persönliche, vertrauenswürdige Eindruck war an diesem Abend wichtiger als eine Verkleidung, die sowieso jeder kannte. Daher kramte ich aus den unteren Fächern meines Schranks die Kleidungsstücke hervor, die nach meinem Dafürhalten am ehesten für diese besondere Gelegenheit in Betracht kamen und die ich, wenn überhaupt, das letzte Mal vor Jahren getragen hatte.

Als ich umgezogen vor dem Spiegel stand und das Ergebnis begutachtete, erkannte ich mich kaum wieder. Mit dem dezent gemusterten Hemd, die Ärmel korrekt heruntergelassen und die Manschetten zugeknöpft, der schiefergrauen Hose, die ich zuletzt zum Geburtstag meiner Mutter anhatte und der Brille, die mir mein Augenarzt erst vor ein paar Monaten aufgrund einer erblich bedingten Hornhautverkrümmung verordnet hatte, sah ich aus, als hätte man mich als Kronzeuge vor Gericht geladen. Andererseits entsprach das meinem momentanen Gefühlszustand ziemlich genau.

So konnte ich definitiv nicht gehen. Das war nicht ich, entschied ich und begann das Hemd wieder aufzuknöpfen. Die Eltern aus Monas Klasse zahlten schließlich ein üppiges Schulgeld und besaßen ein gewisses Anrecht darauf, mich so zu erleben, wie ich nun mal war und nicht das glattgebügelte Abziehbild eines Salem-Stipendiaten. Sie würden die seriöse Camouflage in kürzester Zeit durchschauen, mich als Hochstapler brandmarken, und den Job? Den könnte ich in den Wind schreiben.

So beschloss ich, mich ein weiteres Mal umzuziehen, verließ um Viertel nach sieben in Kapuzenpulli, Jeans und Daunenjacke die Wohnung und da es die milde Temperatur an diesem letzten Novembermittwoch seit langem wieder zuließ, schwang ich mich aufs Fahrrad und strampelte los.

Wenige Minuten später stieg ich die Stufen zum Schuleingang hinauf und wurde von einem großdimensionalen Flachbildschirm begrüßt, auf dem der Elternabend mitsamt Räumlichkeit angekündigt wurde. Zu meiner Zeit, und das war nun wirklich nicht so lange her, hatte der Hausmeister die Nummer des Klassenraums noch mit handelsüblicher Kreide auf eine Tafel gemalt. Ich war beeindruckt, Monas Erziehungsanstalt spielte ganz offensichtlich in einer anderen Liga.

Ein Eindruck, der sich bestätigte, als ich die dezent beleuchteten Gänge des Schulgebäudes durchschritt, in denen nicht ein Fitzelchen Papier auf dem Boden lag, nicht eine talentlose Schmiererei die Wände verunstaltete. Hätten nicht die ein oder anderen, von Grundschülerhand gefertigten, Kunstwerke die sachliche Atmosphäre des Hauses gestört, hätte man leicht meinen können, sich im Verwaltungsgebäude eines alteingesessenen Familienunternehmens zu befinden. Fehlte nur noch das goldgerahmte Porträt des Firmengründers am

Aufgang zum ersten Stock, stattdessen hing dort ein sympathisch wirkendes Gruppenbild des Lehrerkollegiums. Ich erkannte Mona auf den ersten Blick. Sie stand gleich vorne rechts in der ersten Reihe, die Hüfte leicht zur Kamera gedreht, die Hände brav an den Oberschenkeln aufliegend. Sie lächelte freundlich, wie überhaupt jeder auf dem Foto den Betrachter vertrauenswürdig anzustrahlen schien. Hätte ich hier und heute eines meiner Kinder zum Schulbesuch anmelden wollen, wäre ich mit dem guten Gefühl ins Sekretariat gegangen, die richtige Wahl getroffen zu haben.

Allein, ich hatte keine Kinder, vielmehr war es mein Auftrag, den Nachwuchs mir nicht bekannter Eltern zu bespaßen. Dafür war ich hier, und daran erinnerte ich mich nun, als ich die Treppe hinaufging.

Der Raum mit der Nummer hundertzwölf lag linker Hand, gleich die zweite Tür des langgezogenen Gangs, der zur Aula am anderen Ende führte. Ich blieb einen Moment stehen und lauschte nach Gesprächsfetzen, um die Stimmung im Raum zu erahnen. Doch abgesehen von unverständlich leisem Gemurmel drang nicht das Geringste nach außen. Überhaupt wirkte das Gebäude fast andächtig still, offenbar hatte die 3c heute Abend als einzige Klasse ihre Erziehungsberechtigten geladen.

Ich stellte mich mit geradem Rücken hin, atmete durch und klopfte. Als mich gleich darauf eine vertraute Frauenstimme hereinrief, drückte ich die Klinke und betrat den Raum.

„Niko, schön, dass du da bist. Liebe Eltern, das ist Nikolaus Gassmann, unser diesjähriger Weihnachtsmann", stellte mich Mona vor und bat mich nach vorne.

„Guten Abend", sagte ich zögerlich und fühlte mich unter den neugierigen, auf mich gerichteten Blicken etwas unwohl.

Dreißig Scanner, die mich von Kopf bis Fuß durchleuchteten, um einen Hinweis zu erhaschen, ob ich der verantwortungsvollen Position tatsächlich gerecht werden würde.

„Nikolaus? Wie lustig ist das denn? Dann können Sie ja schon nächste Woche bei uns anfangen", sagte ein lässiger Mittdreißiger in der letzten Reihe und amüsierte sich prächtig über seinen gelungenen Scherz.

„Nein, das passt nicht, Nikolaus war doch Türke. Obwohl ... Gassmann ... Osman ...", lachte eine Mutti vorne rechts. Die Eltern der 3c entpuppten sich innerhalb von Minuten als Talentpool verhinderter Entertainer.

„Sie sind kein Türke, oder?", richtete eine Frau das Wort an mich, die mit ihrer blondierten Mähne und den aufgepumpten Lippen auch problemlos als Charity-Lady im Palmengarten hätte durchgehen können. Eine als Interesse getarnte Killerfrage. Sagte ich nein, käme es dem Kreis vermutlich gelegen, die Migrationsrate der Anwesenden tendierte, soweit ich das überblicken konnte, gen Null. Mit einem *ja* könnte ich hingegen als Integrationsbeispiel dienen, um bei der Weihnachtsgans im Freundes- und Familienkreis zu punkten: *Stellt euch vor, wir hatten dieses Jahr einen Türken als Weihnachtsmann, der hat das ganz süß gemacht. Der war total lieb.* Ich entschied mich dafür, bei der Wahrheit zu bleiben.

„Nein, ich bin kein Türke. Wie gesagt, mein Name ist Gassmann, und ich komme aus der Nähe von Hanau ..."

„Türkisches Gebiet, immerhin ..."

„... und studiere seit zwei Jahren in Frankfurt."

„Herr Gassmann studiert Wirtschaft", ergänzte Mona, als würde mich erst das zum Geschenkeverteilen qualifizieren.

„Wirtschaft? Interessant", bemerkte ein bereits graumelierter Vater im Mittelfeld des Klassenraums. „BWL oder VWL?"

„Volkswirtschaft."

„Bei uns an der Uni haben wir damals eher Gastwirtschaft studiert", lachte ein Mann an der gegenüberliegenden Fensterwand, bei dem ich mir nicht sicher war, ob er in seiner Funktion als Vater oder Großvater zugegen war. Möglicherweise war schlagfertiger Witz ein Auswahlkriterium, um an dieser pädagogischen Einrichtung aufgenommen zu werden. Schule sollte schließlich Spaß machen.

„Sehr gut", antwortete ich lächelnd und um meine Bewunderung für seinen Esprit zu unterstreichen, deutete ich mit dem Finger auf ihn. Es versprach ein lustiger Abend zu werden.

„Hat jemand von Ihnen Fragen an Herrn Gassmann?", übernahm Mona wieder das Gespräch. „Möchten Sie etwas wissen? Oder Niko, vielleicht erzählst du einfach mal, wie du dir deinen Auftritt vorstellst."

Erzählen? Auftritt? Mona hatte wohl nicht mehr alle Tassen im Schrank. Davon war nie die Rede gewesen.

„Ja, das wäre hilfreich", pflichtete ihr eine Mutter bei, die sich bislang in der Hauptsache mit ihrem Handy beschäftigt hatte. „Haben Sie ein Konzept, aus dem hervorgeht, wie sie Ihre Rolle angehen wollen?"

„Nun, ein Konzept im klassischen Sinn habe ich leider nicht", gab ich unumwunden zu. „Ich dachte an einen ganz traditionellen Auftritt. Ich komme herein, bringe einen Sack mit Geschenken mit und ..."

„Und an welche Art Geschenke dachten Sie da, Herr ...?"

„Gassmann, Nikolaus Gassmann", sprang Mona der digitalen Mutter bei.

„Herr Gassmann, richtig. Hätten Sie aus Ihrer Erfahrung heraus denn eine Empfehlung? Wissen Sie, wir sind zwar eine Privatschule, dennoch gibt es auch in unserer Klasse Kinder, deren Eltern sich das Schulgeld vom Mund absparen, um ihren Kleinen die bestmögliche Ausbildung zu ermöglichen, Sie verstehen?"

Ich verstand. Ich fragte mich allerdings auch, was passieren würde, wenn die Kinder der 3c statt des heißerwarteten Tablet-PCs einen Spielzeugritter oder womöglich ein Buch auspacken mussten. Oder, noch schlimmer, Apfel, Nuss und Mandelkern. Das Geheul konnte ich mir lebhaft vorstellen.

„Wissen Sie, Frau ..."

„Lehnhardt."

„... Frau Lehnhardt, ich verstehe mich zwar nur als Bote und denke, dass Sie als Eltern die Frage nach dem passenden Geschenk für sich beantworten sollten. Aber wenn Sie meine persönliche Meinung hören wollen?"

„Ich bitte darum", antwortete Frau Lehnhardt und legte ihr Handy mit dem Display nach unten auf die Schulbank. Ein Zeichen höchster Konzentration.

„Nun, meiner Meinung nach sollte es an diesem Nachmittag vor allem um das gemeinsame Feiern, das Singen von Liedern und das Naschen von Lebkuchen ..."

Beim Wort *Lebkuchen* hörte ich bis zur Tafel, wie eine Mutter in der hintersten Reihe mit schmerzverzerrtem Gesicht Luft durch die Zähne zog.

„Gibt es ein Problem mit Lebkuchen, Frau Michaelis?", stand mir Mona zur Seite.

„Ich bin entschieden gegen Lebkuchen", antwortete Frau Michaelis und ihr Gesichtsausdruck ließ keine andere Vermutung zu. „Wissen Sie, was wir den Kindern damit antun? Industrieller, weißer Zucker, im Zimt steckt Curamin, das die Leber schädigt, vom hellen Mehl ganz zu schweigen. Aber wenn wir wollen, dass unsere Kinder fett werden, bitte. Sören wird jedenfalls ganz sicher keine Lebkuchen essen. Auch keine vom Weihnachtsmann persönlich."

„Ich muss Ihren Kindern keine Lebkuchen schenken, wenn Sie das nicht möchten."

„Moment", rief daraufhin ein zentral platzierter Vater. „Das heißt ja nicht, dass wir grundsätzlich auf Lebkuchen verzichten müssen."

„Na, da bin ich aber mal gespannt", sagte Frau Michaelis mit schnippischem Unterton und zog eine ihrer Brauen nach oben.

„Wir haben doch einen guten Draht zu dieser Öko-Bäckerei. Vielleicht können die uns weiterhelfen."

„Dann aber auch glutenfrei und laktosefrei, sonst kann Linda das nicht essen, und das wäre unfair."

„Apropos fair", mischte sich eine weitere Mutter ein. „Wie wäre es denn mit zertifizierter Fair Trade-Schokolade? Schließlich wollen wir den Kindern ja auch Werte vermitteln, und sie fänden es bestimmt toll, wenn sie wüssten, dass sie mit ihren Vollmilchweihnachtsmännern dabei mithelfen, dass die Kakaobauern einen gerechten Lohn bekommen, von dem sie dann auch ihren Kindern ein kleines Geschenk zu Weihnachten machen können."

„Sehr gut", stimmten mehrere Eltern zu. „Das sollten wir festhalten."

„Dann könnten wir bei der Feier auch gleich eine Spendenaktion für einen guten Zweck organisieren."

„Tolle Idee, und wir Eltern packen ihnen schon mal ordentlich was in die Sammeldose."

Es wurde ruhig im Klassenraum. Hatte der Mann, der schon die ganze Zeit über mit dem Stuhl seines Sohns kippelte, ein heikles Thema angerührt? Ich war gespannt.

„Wir könnten die Kinder aber auch eine Runde mit der Büchse durch den Holzhausenpark drehen lassen. Wir spenden schon genug jeden Monat." Dem zustimmenden Geraune entnahm ich, dass es sich bei dem Einwurf um die Mehrheitsmeinung im Raum handelte.

„Das finde ich auch besser", pflichtete eine Mutter bei.

„Naja, aber da kommt doch nichts zusammen", versuchte es der kippelnde Mann ein weiteres Mal. „Also von mir aus können wir gleich hier und jetzt das Startkapital für die Kinder einsammeln." Sprach es und zückte seine Brieftasche, zog einen Hundert-Euro-Schein heraus und legte ihn demonstrativ auf den Tisch. Es erinnerte ein bisschen an die Pokerrunden, die wir von Zeit zu Zeit in unserer WG abhielten. Ganz offensichtlich hatte der Kippler gute Karten und wollte sehen.

„Das ist sehr nett, Herr Lamprecht", sprang Mona dazwischen. Schade eigentlich, ich hätte mein Honorar dafür verwettet, dass ein Großteil der Erziehungsberechtigten bei dem Einsatz gepasst hätte. „Wir sollten das Thema vielleicht für den Augenblick vertagen, aber wir können grundsätzlich gerne festhalten, dass wir mit den Kindern eine Spendenaktion veranstalten werden. Es gibt da sehr schöne Projekte, wir könnten zum Beispiel eine Weihnachtsbaum-Pflanzaktion im Taunus organisieren."

„Apropos Baum", wechselte die Mutter der glutenfreien Linda das Thema.

„Schön, dass Sie das ansprechen, Frau Michaelis", antwortete Mona und ich überlegte kurz, ob mein Honorar wie bei einem Taxameter bereits lief. Ich befand mich ja quasi im Weihnachtsstau, und die Gäste waren alle an Bord und ich sollte sie ans Ziel bringen. Wenn dem so war, hatte ich bereits zwanzig, dreißig Euro verdient, das hielt mich bei Laune.

„Der Weihnachtsbaum war ja bereits bei unserem letzten Elternabend im September Tagesordnungspunkt gewesen. Und wir hatten beschlossen, aus ökologischen Gründen weder einen Baum fällen zu lassen noch einen Ersatz aus Kunststoff aufzustellen. Trotzdem müssen wir auf einen Weihnachtsbaum nicht verzichten, wir haben uns in diesem Jahr nämlich sogar eine ganz besonders schöne Lösung einfallen lassen. Herr Kehlmann, ein junger Kollege, der gerade sein Referendariat bei uns macht, hat sich bereit erklärt, uns für die Feier als lebender Weihnachtsbaum zur Verfügung zu stehen."

„Ein lebender Baum?"

„Ja, genau", strahlte Mona. „Das wird bestimmt ein großer Spaß. Die Kinder dürfen eine Lichterkette um ihn wickeln und ihn über und über mit Kugeln und Figuren behängen."

Den skeptischen Blicken der Eltern war zu entnehmen, dass Monas kreative Idee noch nicht restlos überzeugte.

„Sie behängen ihn mit Christbaumschmuck?", fragte der zentriert sitzende Papa, doch klang es eher nach einer ungläubigen Feststellung.

„So ist es", antwortete Mona nichtsahnend.

„Überall?", fragte die Charity-Lady mit den Botoxlippen und brachte den großkalibrigen Anhänger der Halskette, der in die Vertiefung ihres Schlüsselbeins gerutscht war, wieder in die richtige Position.

„Ja sicher, überall", stolperte Mona in die Falle. „An den Ohren, den Armen, den Beinen ..."

„Und?"

„Was meinen Sie mit *und*?", fragte Mona und drehte sich hilfesuchend nach mir um. Die Ärmste, sie verstand tatsächlich nicht.

„Die Dame meint, ob die Kinder deinen Referendar überall ... also ... ob sie ihn *überall* behängen dürfen. Christbaumkugeln, du verstehst?", half ich ihr auf die Sprünge. Normalerweise war Mona nicht so schwer von Begriff, aber zum Glück verstand jetzt auch sie die Bedenken im Raum, erschrak und wurde blass.

„Ach, das meinen Sie", stammelte die Klassenlehrerin. „Um Himmels willen, nein. Herr Kehlmann wird ab der Brust eine Art Drahtgestell tragen, das nach unten hin weit ausläuft und ihm die Form eines Tannenbaums gibt. Die Kinder werden ihn keinesfalls schmücken, wo er das nicht möchte."

„Und wenn er möchte?", fragte eine Mutter in der ersten Reihe. „Herr Kehlmann gibt nicht zufällig Religion?"

„Entschuldigung, Frau Kazmarek, aber das geht wirklich zu weit. Wir reden hier von einer absolut harmlosen und sehr originellen Idee, die uns bestimmt viel Spaß machen wird."

Noch immer schienen die Bedenken, wem Monas Idee im Speziellen viel Spaß bereitete, nicht restlos ausgeräumt zu sein, also sprang ich ihr ein weiteres Mal zur Seite, sonst saßen wir noch morgen früh hier.

„Ich will ja nicht drängeln", sagte ich, freundlich lächelnd. „Aber könnten wir vielleicht kurz zu meiner Rolle als Weihnachtsmann ..."

„Das können wir sofort tun", unterbrach mich der Herr am Fenster. „Zuvor würde ich allerdings gerne noch das Thema Musik ansprechen."

Wieso denn Musik? Und wieso jetzt? Aber gut, von mir aus, mein Taxameter lief. Ich nahm mir vor, jede Minute, die ich hier länger saß, eben weniger mit ihren Blagen zu verbringen.

„Mich würde interessieren, ob Sie in der Richtung bereits etwas geplant haben, Frau Hollerbach." Man konnte Mona die Erleichterung ansehen, dass ihr gerade quer durchs Klassenzimmer eine Brücke gebaut wurde, über die sie sich vom dünner werdenden Eis ihrer schlüpfrigen Baumidee retten konnte.

„Schön, dass Sie fragen, Herr Dragic. Da nicht nur wir mit der 3c an diesem Tag unsere Weihnachtsfeier haben, habe ich mich mit den anderen Klassenlehrerinnen und Klassenlehrern zusammengesetzt und überlegt, ob wir nicht gemeinsam etwas organisieren können. Mein Kollege aus der 2a kam auf die wundervolle Idee, Kontakt zu einer Grundschule mit hohem Migrationsanteil aufzunehmen. Wir haben auch bereits mit Schulen in Fechenheim, Nied, Griesheim und der Nordweststadt gesprochen."

„Und was genau haben Sie sich da vorgestellt?"

„Wir möchten ein Projekt starten, das aktuell noch den Arbeitstitel ‚Die Lieder meiner Wurzeln' trägt. Es stünde ganz im Zeichen von Offenheit, Toleranz und Austausch und würde gut zum Anspruch unserer Einrichtung passen, Ihre Kinder frühzeitig mit anderen Kulturen in Kontakt zu bringen."

„Okay, und konkret, Frau Hollerbach?", hakte der Fenstermann nach.

„Konkret bedeutet das, dass uns die ausländischen Kinder der Partnerschule am Tag unserer Weihnachtsfeier besuchen und Lieder ihrer Heimat für uns singen.

„Haben die überhaupt Weihnachtslieder?"

„Bestimmt. Und wenn nicht, haben sie sicher Lieder, die zur Jahreszeit passen. Unser Hausmeister, Herr Perske, zündet im Hof ein Holzfeuer an und nimmt die Kinder der anderen Schule in Empfang. Sobald wir in unseren Klassenzimmern die Lieder aus Nordafrika oder dem Balkan hören, öffnen wir die Fenster und hören ihnen zu. Und wenn sie fertig sind, applaudieren wir ihnen kräftig und danach geht unsere Feier weiter. Ach ja, und natürlich bekommen die Kinder, bevor sie heimgehen, von Herrn Perske einen kleinen Beutel mit Leckereien. Als Dankeschön, sozusagen."

„Fair Trade-Schokolade?", entfuhr es mir.

„Nein, ich habe mich extra schon beim Discounter eingedeckt und werde zwanzig, dreißig Päckchen für die Kinder packen. Du kannst mir gerne helfen."

Mona lächelte mich an, ich lächelte zurück. Sie war wieder in der Spur, das war die Hauptsache.

„Das gefällt mir sehr gut", sagte Frau Kazmarek in der ersten Reihe und nickte zustimmend. „Für unsere Kinder ist das ein ganz neuer Eindruck, und für die Kinder der Brennpunktschule bedeutet der Applaus ein seltenes Erfolgserlebnis. Eine echte Win-Win-Situation. Bravo."

„Gut", sagte ich. „Dann können wir jetzt vielleicht wieder zu meinem Auftritt als Weihnachtsmann zurückkommen."

„Wollen wir denn überhaupt einen Weihnachtsmann?", meldete sich ein Vater mit leicht englischem Akzent zu Wort, der bislang geschwiegen hatte. „Ich meine, den haben wir doch nur Coca-Cola zu verdanken."

„Was so nicht ganz stimmt", warf eine Mutter weiter hinten ein, richtete sich auf und rückte die dunkelgerahmte Hornbrille zurecht. „Coca-Cola benutzte ihn als Werbefigur, das ist richtig, und das rot-weiße Erscheinungsbild prägt bis heute unser Bild des Weihnachtsmanns. Tatsächlich aber geht der Weihnachtsmann auf Bischof Nikolaus von Myra aus dem vierten Jahrhundert nach Christus zurück."

„Der heilige Nikolaus war also gar kein Türke?", fragte jemand.

„Trotzdem alles Kommerz", antwortete der Brite und nahm die Füße aus dem Fach unter dem Tisch seines Kindes. „Ich meine, wollen wir das wirklich unterstützen? Weihnachten ist doch nur noch ein Riesengeschäft, bei dem sich die Online-Riesen dumm und dämlich verdienen."

„Interessanter Gedanke, Herr Richards, und absolut berechtigt. Ich denke aber, dass das jetzt etwas zu weit führt", grätschte Mona dazwischen. „Wir wollen heute Abend ja nicht grundsätzlich über Weihnachten diskutieren, sondern ..."

„Warum nicht?", antwortete Richards, und ich wurde das Gefühl nicht los, dass der Angelsachse Spaß an der Veranstaltung bekam.

„Wieso eigentlich Weihnachtsmann?", meldete sich als Nächstes eine junge Mutter zu Wort. „Wieso eigentlich keine Weihnachtsfrau?"

„Herr Gassmann wäre sicher eine tolle Weihnachtsfrau", bemerkte ihre Nachbarin und zwinkerte mir zu.

„Oder wenigstens etwas Neutrales, schließlich haben wir erst im Frühjahr beschlossen, dass wir Frau Hollerbach nicht mehr als Klassenlehrerin der 3c ansprechen, sondern als Klassenhauptlehrkraft. Dann sollten wir hoffentlich in der Lage sein, etwas Ähnliches auch für unsere Weihnachtsfeier zu finden."

Ein wohlwollendes Raunen ging durch den Raum, und fast schien es, als würden genderneutrale Weihnachtssternchen über den Anwesenden schweben, als die Eltern begannen, sich den Kopf zu zerbrechen.

„Ich glaube, ich hätte eine Lösung, mit der wir alle gut leben könnten", meldete sich der zentral sitzende Vater. „Wie wäre es, wenn wir im Falle Herrn Gassmanns statt vom Weihnachtsmann vom Weihnachtsbringenden sprechen würden?"

Die Eltern der 3c nickten zustimmend. Der Vorschlag fand Anklang, alles andere hätte mich inzwischen auch gewundert.

„Niko? Was denkst du?", fragte Mona und sah mich an. Ich zuckte die Achseln, mir war es im Grunde völlig egal. Ich würde auch als Weihnachtsbringer meine hundertfünfzig Euro kassieren.

„Ich kann damit leben", antwortete ich. „Schließlich heißt es in irgendeinem Weihnachtslied ja auch *gnadenbringende*

Weihnachtszeit, dann kann ich auch weihnachtsbringend sein, kein Problem."

„Das ist aus *Oh du fröhliche* ...", bemerkte jemand aus der hinteren Reihe. „In diesem Fall müssten wir allerdings auch eine Lösung für *Morgen kommt der Weihnachtsmann finden*, das ginge natürlich nicht mehr wegen des Versmaßes, und das hatten die Kinder bereits eingeübt."

Jemand weiter hinten stöhnte auf. Die Welt, das zeigte sich an diesem Abend einmal mehr in aller Deutlichkeit, steckte voller Probleme. Und wenn es nur das Versmaß betraf. Wie schade, gerade jetzt, wo alle Anwesenden hofften, dass sich zumindest die Weihnachtsmannproblematik in Wohlgefallen auflösen würde.

„Vielleicht wäre überhaupt ein Christkind passender für unsere Veranstaltung. Was denken Sie, Herr ... äh ...", meldete sich die Mutter mit den Botoxlippen zu Wort.

„Gassmann", antwortete ich. „Sie können aber auch Nikolaus oder Niko sagen, das ist einfacher zu merken."

„Schön, Nikolaus. Denken Sie, Sie könnten auch als Christkind bei uns auftreten?"

„Ich?"

„Ja", antwortete sie. „Sie sind blond, haben blaue Augen, sind schlank. Wenn ich es recht betrachte, haben Sie fast etwas Androgynes. Ich bin sicher, Sie fänden ein luftiges weißes Kleidchen in Ihrer Größe und dazu passende kleine Flügelchen."

Sie sagte das ohne jedes Schmunzeln. Die Frau meinte ihren Vorschlag todernst. Allmählich schwante mir, warum Mona hundertfünfzig Euro für den Job auf den Tisch gelegt hatte. Das Aas musste geahnt haben, was mich heute Abend erwarten würde und hatte mich ins offene Messer laufen lassen. Schön, dachte ich, dann spielte ich das Spiel eben mit.

„Frau Swetlowski, Ihr Vorschlag in allen Ehren, aber ...", versuchte Mona den absurden Plan zu boykottieren.

„Nein", sprang ich dazwischen. „Warum eigentlich nicht? Ein weißes Kleid könnte ich mir prinzipiell gut vorstellen, ein bisschen Spitze vorne am Dekolleté, Plüsch an den Ärmeln. Die Brusthaare würde ich mir rasieren. Ich habe auch Naturlocken, die könnte ich bis zur Feier wachsen lassen."

Irgendwo im Klassenraum kicherte jemand.

„Das würde die Klassenfeier der 3c zu etwas ganz Besonderem machen", fuhr ich fort. „Die LGBTQI-Community wäre begeistert, zumindest das T. Ihre Klasse wäre ein Beispiel für Toleranz und würde womöglich ein Diversity-Siegel bekommen, das Sie rahmen und in die Eingangshalle hängen könnten."

„Niko, bitte", versuchte Mona mich zu bremsen.

„Nein, wirklich, ich finde das sehr spannend. Weihnachtsmänner gibt es in Hülle und Fülle, jeder Depp kann Weihnachtsmann spielen und Ihre Kinder mit strengem Blick und tiefer Stimme verängstigen. Aber seien wir mal ehrlich: Von diesem spießigen Relikt sollten wir uns langsam mal verabschieden, finden Sie nicht? Ich meine, die Welt hat sich verändert. Wir haben uns verändert, und Ihre Kinder werden sich vielleicht schon in ein paar Jahren fragen, warum Ende Dezember ein Mann mit rotem Mantel zu ihnen nach Hause kam, der in der ganzen Familie einen kompletten Ausnahmezustand verursachte, obwohl er nicht mal das neueste iPhone im Jutesack hatte, sondern nur Apfel, Nuss und Mandelkern."

„Keinesfalls, Herr Gassmann. Die sind gespritzt, hochallergen und mit Pestiziden verseucht."

„Niko, vielen Dank, ich denke, dass wir jetzt gut allein zurechtkommen. Ich gebe Dir dann Bescheid, wie ..."

„Ich muss sagen, ich finde das einen sehr interessanten Aspekt, Frau Hollerbach, und ich frage mich ehrlich gesagt, warum Sie als Klassenhauptlehrkraft nicht darauf gekommen sind", meldete sich nach langer Zeit mal wieder die Frau mit dem Handy zu Wort, die zwischendurch vor allem mit dem Verschicken von Nachrichten beschäftigt war. „Schließlich haben wir unsere Kinder auch deshalb in Ihre Schule gegeben, da wir neue pädagogische Aspekte von Ihnen erwarten. Wenn wir altbackene Lehrpläne gewollt hätten, hätten wir unsere Mädchen und Jungen genauso gut in eine öffentliche Grundschule geben können."

Fehlte eigentlich nur noch das entscheidende Argument, das aber gleich darauf folgte, die Frau enttäuschte mich nicht.

„Und, Frau Hollerbach", fuhr die Handyfrau fort, „ich muss nicht gesondert erwähnen, dass die anwesenden Eltern allesamt nicht wenig Geld für die qualifizierte Bildung ihrer Kinder ausgeben, dafür können wir auch erwarten, dass Sie den Kleinen proaktiv die Basics für eine gesellschaftliche Vorreiterrolle mit auf den Weg geben. Ehrlich gesagt, finde ich es schade, dass nicht Sie selbst die Initiative ergriffen haben, den Kindern zu einem so wunderbar geeigneten Anlass spielerisch und ohne pädagogischen Zeigefinger die Normalität eines geschlechtsneutralen Christkinds aufzuzeigen. Frau? Mann? Wen interessiert das schon, auf die Persönlichkeit kommt es an, alleine darauf. Wenn Sie mich fragen, Frau Hollerbach, eine vertane Chance."

Das zustimmende Gemurmel im Raum und das beipflichtende Nicken sagten mir, dass ich Mona ein weiteres Mal zur Seite stehen musste, die wie ein Häufchen Elend am zur Anklagebank umfunktionierten Lehrertisch lehnte und nach Worten rang. Das hatte Mona nun auch wieder nicht verdient.

„Entschuldigen Sie, Frau ... äh ..."

„Lehnhardt."

„... richtig, Frau Lehnhardt. Selbstverständlich haben Frau Hollerbach und ich bereits im Vorfeld darüber diskutiert, wie wir die eindeutig existierenden sexuellen Aspekte des Weihnachtsmannbesuchs dem pädagogischen Anspruch der Schule entsprechend aufgreifen könnten. Denken Sie nur an die Symbolik der erhobenen Rute und des prall gefüllten Sacks. Das kann bei sensiblen Kindern ein nur schwer zu behandelndes Trauma auslösen, daher wären wir, wenn Sie es nicht selbst angesprochen hätten, mit einem ähnlichen Vorschlag auf Sie zugekommen."

„Und Ihr Lösungsansatz wäre gewesen?"

„Nun", sagte ich, stand auf und flanierte vor den Eltern auf und ab, als hielte ich vor den zwölf Geschworenen mein Plädoyer. „Frau Hollerbach und ich waren übereingekommen, dass ich am heutigen Abend als potenzieller Weihnachtsmann zu Ihnen kommen sollte, um Ihre Reaktion auf diese reaktionäre Figur zu testen. Wir konnten im Vorfeld nicht einschätzen, wie sehr Sie alten Traditionen verhaftet sind, umso mehr freut es uns, dass Sie eine zeitgemäße, tolerante Weihnachtsfeier geradezu einfordern. Ein transsexuelles Christkind ist sogar besser als unsere ursprüngliche Idee eines lesbischen Weihnachtsfrau-Paars."

„Niko, ich fände es jetzt wirklich gut, wenn du ..."

„Gerade wir in Frankfurt sollten in solchen Dingen vorangehen und Flagge zeigen, die Regenbogenflagge, versteht sich."

Eine Mutter im hinteren Teil des Raums klatschte zögerlich Beifall, dem sich ein Vater in der vordersten Reihe anschloss. Mona schaute mich an, als hätte ich sie nicht alle, dabei beförderte ich sie gerade zur gesellschaftspolitischen Vorreiterin ihrer Schule. Ich lächelte und nickte ihr aufmunternd zu. Lief doch bombig. Selbst die Handyfrau hatte keine weiteren

Fragen. Und so hätten wir den Abend problemlos beschließen können, wenn nicht eine Frau nahe des Fensters den Arm gehoben und um Wortmeldung gebeten hätte.

„Einen Moment noch, liebe Eltern", bremste Mona die einsetzende Diskussion. „Frau Wagner, bitte."

„Ich habe mir Ihre Diskussion jetzt eine gute Stunde lang angehört. Ich weiß nicht, wie es Ihnen geht, aber meines Erachtens sind wir dabei gänzlich vom Thema abgeglitten. Herr Gassmann, Ihre flammende Rede in allen Ehren, aber eigentlich wollten wir Sie als Weihnachtsmann für unsere Kinder engagieren ..."

„Das ist absolut richtig", pflichtete ich bei.

„Sehen Sie, und jetzt würden Sie einige der Eltern am liebsten im Christkind-Leibchen sehen. Schon die Diskussion um Ihren Namen halte ich für vollkommen absurd. Ob Sie für unsere Kinder der Weihnachtsmann oder der Weihnachtsbringende sind ... und, unter uns gesagt müssten Sie eigentlich der Weihnachtsgabenbringende sein, oder noch besser, da wir ja auch an die Andersgläubigen in unserer Klasse denken sollten, ..."

„Was für Andersgläubige?", fragte Herr Lamprecht, der zuvor den Hunderter auf den Tisch gelegt hatte.

„Juden, Moslems, Hindus ..."

„Gibt's bei uns nicht, oder?"

„Meines Wissen nach haben wir ...", wollte Mona dazwischen gehen, Frau Wagner ließ sich jedoch nicht beirren.

„Es ist mir gleichgültig, ob wir Kinder anderer Religionen bei uns haben oder nicht. Jedenfalls wäre Wintergabenbringender sicher der treffendste Begriff, den wir Herrn Gassmann geben könnten. Doch wenn Sie mich fragen, sollten wir noch einen Schritt weitergehen und wirklich konsequent handeln."

Es war ruhig geworden im Raum. Die Mütter und Väter hingen an Frau Wagners Lippen, sogar das Botox gepushte Pendant auf der anderen Seite des Klassenzimmers.

„Und Ihr Vorschlag wäre?", fragte Mona.

„Lassen Sie uns ein Zeichen gegen die Kommerzialisierung des Weihnachtsfestes setzen. Lassen wir die Weihnachtsfeier unserer Kinder einfach komplett ausfallen."

Bitte? Ich hörte wohl nicht richtig. Doch bevor ich mir noch schlagfertige Argumente für die Feier zurechtlegen konnte, wegen der ich mir die letzte Stunde im Kreise dieser Wahnsinnigen um die Ohren geschlagen hatte, bemerkte ich, wie die Stimmung im Raum bereits kippte. Und bevor ich's mich versah, hatte die Handyfrau zur Abstimmung über Frau Wagners Vorschlag aufgerufen, und die Hände der anwesenden Eltern gingen mit großer Mehrheit nach oben.

Ich merkte, wie mein Taxameter unversehens auf null sprang. Meine Fahrgäste waren drauf und dran auszusteigen und ließen mich zurück, ohne die Rechnung zu begleichen.

„Gut", sagte ich, als klar war, dass Frau Wagners Vorschlag ohne weitere Aussprache angenommen worden war. „Dann brauchen Sie mich ja wohl nicht mehr."

„Tut mir leid, Niko", sagte Mona. „Das ist jetzt alles ein bisschen anders gekommen als geplant."

„Alles gut, Mona", antwortete ich und verabschiedete mich von den Eltern, die aber kaum Notiz von mir nahmen, da sie noch zu sehr mit ihrer erfolgreichen Abkehr vom Kommerz beschäftigt waren. Wenn es nach mir gegangen wäre, hätten sie das ruhig auch nach Weihnachten beschließen können, aber bitte. Musste ich halt ein paar Sushis mehr ausliefern.

Ich verließ den Raum und ließ die weiterhin lebhafte Diskussion hinter der Tür des Klassenzimmers zurück. Wenigstens war mir ein Auftritt im Spitzenkleidchen erspart geblieben, so gesehen verbuchte ich den Abend als Erfolg.

„Niko, warte!", hörte ich Mona rufen, die aus dem Klassenraum eilte und mir die Treppe nach unten folgte. „Ich danke dir", sagte sie und umarmte mich. „Hier, der ist für dich."

Sie drückte mir einen Hundert-Euro-Schein in die Hand.

„Herr Lamprecht hat ihn im Namen der Eltern vorgestreckt. Die Eltern meinten, dass du auf jeden Fall ein Ausfallhonorar bekommen solltest."

„Danke", sagte ich. „Davon gehen wir essen, okay? Burger mit fetten Wedges und Ketchup mit Konservierungsmitteln. Und dazu ein paar Bier."

„Abgemacht", antwortete Mona. Dann drückte sie mich und lief zurück, während ich das Schulgelände verließ und mein Fahrrad aufschloss. Die Temperatur war selbst um diese Uhrzeit noch unglaublich mild. Schade eigentlich, dachte ich. Die nordafrikanischen Lieder im Schulhof am prasselnden Feuer, das hätte bei dem Wetter richtig gut gepasst.

SCROOGE

Als ich neun Jahre alt war, hätte ich am zweiten Weihnachtsfeiertag beinahe einen Mann getötet. Nicht versehentlich, nein, alles andere als das, ich handelte mit Vorsatz, und nur dem Schicksal und einem gut gepolsterten Wintermantel war es zu verdanken, dass mein schreckliches Vorhaben scheiterte.

Meine Mutter und ich wohnten damals unweit des Scheffelecks in einer Altbauwohnung, im dritten Stock eines zur Jugendstilzeit erbauten Mietshauses in der Eckenheimer Landstraße. Willy Brandt war wenige Wochen zuvor mit breiter Mehrheit wiedergewählt worden. Die Stimme meiner Mutter hatte ihren Teil dazu beigetragen, darauf war sie mächtig stolz. Daher schmückte, obwohl am Adventskranz bereits alle vier Kerzen brannten, noch immer ein *Willy Wählen*-Anstecker das Revers ihrer fellbesetzten, schwarzen Wolljacke, wenn sie früh morgens das Haus verließ, um sich auf den Weg in die Innenstadt zu machen, wo sie seit vielen Jahren in einem Lederfachgeschäft als Verkäuferin arbeitete. Ein Umstand, dem ich ein paar Tage später auch den nagelneuen Schulranzen zu verdanken hatte, den ich nach dem Läuten des Glöckchens unterm Weihnachtsbaum vorfand, der allerdings erst für den Wechsel auf die Musterschule im darauffolgenden Sommer vorgesehen war und bis dahin wieder in Mamas Kleiderschrank verschwand, damit er keinen Schaden nahm.

Ein Umstand, den ich verkraften konnte, da ich neben einem Buch von Ottfried Preußler und einem fünfhundertteiligen Puzzle von Paris ein weiteres Geschenk auspacken durfte, das ich nicht wieder herausrücken musste und das auf dem Anfang Dezember ordnungsgemäß abgelieferten Wunschzettel an oberster Stelle gestanden hatte. Offensichtlich hatte sich der Weihnachtsmann mit meiner Mutter, meinem Onkel Dieter und meiner Patentante Roswitha verbündet und mir ein Kofferradio geschenkt, das mir dabei helfen würde, mich vom mütterlichen Musikgeschmack abzunabeln. Fortan war ich nicht mehr auf Gitte, Bata Illic und Roy Black angewiesen, sondern konnte die Musik hören, die ich von meinen Freunden aus der Klasse und den Kindern aus der Nachbarschaft her kannte.

Überglücklich packte ich das schwere Gerät aus dem Karton, während meine Mutter in die Küche verschwand, um nun, da die Bescherung vorüber war, die Würste zu braten und den Kartoffelsalat nachzuwürzen und durchzumengen. Ich steckte das Kabel in die Steckdose, schaltete das Radio ein und vernahm zuerst nur ein brummendes Rauschen. Daraufhin drehte ich am Senderrad und beobachtete, wie sich ein roter Strich von links nach rechts über die beleuchtete Skala mit den fremden Städtenamen bewegte. Ab und zu schnappte ich einen vermutlich weit entfernten Sender auf und hörte jemanden kaum verständlich reden, dann wieder erklang ein verzerrter Fetzen Musik, der erst lauter, dann wieder leiser wurde und schließlich vollends in den Tiefen des Äthers verschwand, sodass ich die Suche weiter fortsetzte, jedoch erfolglos blieb.

Es dauerte einen Moment, bis ich die Tasten mit der Senderwahl entdeckte. Ich schaltete auf Mittelwelle um, wodurch sich der Empfang sofort hörbar verbesserte und ich nach wenigen Drehungen des Reglers einen Sender fand, der zwar nicht meine Musik spielte, dafür immerhin einen klaren Klang lieferte.

„Na, gefällt's dir?", fragte meine Mutter, als sie das Heiligabendessen einen Augenblick allein ließ, um nach ihrem Sohn Ausschau zu halten. Ich nickte glücklich und suchte nach einem alternativen Musikprogramm, das eher meinem Geschmack entsprach.

„Schau mal, du kannst die Antenne herausziehen, dann bekommst du noch viel mehr Sender." Sie beugte sich zu mir herunter, zog an dem silbernen Knopf an der äußersten Ecke des Geräts, woraufhin tatsächlich eine lange Antenne zum Vorschein kam, die sich in alle Richtungen drehen ließ. Meine Mutter drückte auf einen Knopf. „Das ist UKW, versuch's mal hier", sagte sie und strich mir übers Haar, bevor sie sich wieder den duftenden Würsten in der Pfanne widmete.

Was sich bei der erneuten Sendersuche offenbarte, übertraf meine Erwartungen bei weitem. Festliche Weihnachtslieder wurden abgelöst von seltsam schwermütiger Musik, die Mama auf meine Nachfrage hin als *Jazz* bezeichnete, mit dem sie jedoch, wie sie zugab, nicht viel anzufangen wusste. Ich suchte weiter, bis ich eine Stimme hörte, die eine Geschichte vorlas. Etwa einen Zentimeter weiter wurde ich bei einem Sender fündig, der einen mir bekannten Schlager spielte. Meine Mutter begann von der Küche aus mitzusingen, und so drehte ich an der Lautstärke, damit sie das Lied besser hören konnte.

Keine Minute später klopfte es an der Decke unseres Wohnzimmers. Es war kein Hämmern, als schlüge jemand einen Nagel in die Wand, das Klopfen war vielmehr wütend und es galt uns, besser gesagt mir und meinem Weihnachtsgeschenk. Da meine Mutter nicht darauf reagierte, kümmerte auch ich mich nicht darum, sondern stellte das Radio einfach noch ein bisschen lauter, und als der Ansager als Nächstes ein Lied von einem Sänger namens Frank Sinatra ankündigte, kam meine Mutter ins Wohnzimmer, schnappte meine Hand und begann mit mir zu tanzen. Kaum hatten wir uns das erste Mal umeinandergedreht, klingelte es an der Tür.

„Stell mal leiser, Martin", sagte meine Mutter und verschwand im Flur. Ich befolgte ihre Anweisung, drehte die Lautstärke herunter und lief meiner Mutter hinterher. Wie zu erwarten, stand Herr Winterkorn vor der Tür im Treppenhaus. Er war es, der gegen unsere Decke gehämmert hatte und nun meine Mutter anherrschte, wie ich noch nie zuvor jemanden hatte schreien hören. Wir sollten den Mist gefälligst leiser stellen und ob wir denn von allen guten Geistern verlassen wären. Schließlich sei Heiligabend, und überhaupt wäre der Lärm in unserer Wohnung schon seit Wochen unerträglich, und wenn meine Mutter dem Ganzen nicht stante pede Einhalt gebieten würde, riefe er umgehend und ohne zu zögern die Polizei.

„Ihr Krach ist asozial", blökte Herr Winterkorn durchs Treppenhaus.

„Stellen Sie sich nicht so an", konterte meine Mutter. „Wir sind hier nicht im Sanatorium. Mein Sohn hat das Radio heute zu Weihnachten geschenkt bekommen, da wird er es wohl ausprobieren dürfen."

„Nicht um diese Uhrzeit, und schon gar nicht in der Lautstärke."

„Es ist kurz vor sieben, Herr Winterkorn, und Sie können die Polizei rufen, so viel Sie wollen. Fröhliche Weihnachten."

Damit schlug sie ihm die Tür vor der Nase zu und ließ ihn schreiend vor der Tür stehen. Er werde unser Verhalten nicht weiter akzeptieren, hörten wir ihn plärren, während er ein letztes Mal mit der Faust gegen die Wohnungstür polterte. Meine Mutter zeigte ihm den Vogel, schüttelte genervt den Kopf, nahm mich in den Arm und begleitete mich zurück ins Wohnzimmer.

Es war nicht der erste Anlass, aus dem wir mit Herrn Winterkorn Ärger bekamen. Im Grunde genommen hatten wir, seitdem wir hier wohnten, und das waren schon ein paar Jahre, ständig Krach mit ihm. Noch am Tag unseres Einzugs schrie er die Treppe herunter und pochte auf die Einhaltung der Hausordnung, nur weil wir es gewagt hatten, unsere Möbel während der Mittagsruhe in die Wohnung tragen zu lassen.

Ein paar Tage darauf zerschnitt er den Ball, mit dem ich kurz zuvor im Hof gespielt und den ich seiner Meinung nach zu oft zu fest gegen die Mauer neben den Mülltonnen geschossen hatte. Trotz meines Geheuls und des umgehenden Protestes meiner Mutter weigerte er sich, den Ball zu ersetzen. Er lehne das Ballspielen im Hof prinzipiell ab und überhaupt verstoße es gegen die Regeln des Hauses, daher werde er den Teufel tun, dem lärmenden Treiben durch den Kauf eines neuen Balls Vorschub zu leisten.

Wiederum ein paar Wochen später stahl jemand meiner Mutter die Ventile ihres Fahrrads, das sie unvorsichtigerweise für einen Moment im Treppenhaus abzustellen gewagt hatte, anstatt es hausordnungsgemäß in den Keller zu tragen. Herr Winterkorn, den meine Mutter selbstredend verdächtigte, da alle anderen Mieter ausgesprochen umgänglich oder zu dem Zeitpunkt nicht anwesend waren, bestritt die Tat vehement und drohte meiner Mutter seinerseits mit einer Verleumdungsklage, sollte sie ihre Anschuldigungen wiederholen. Da sie ihm den Diebstahl nicht nachweisen konnte, verlief das Ganze im Sande, dennoch waren wir überzeugt, dass nur das Ekel aus der Etage über uns für die Aktion in Frage kommen konnte.

Danach herrschte eine Zeit lang Waffenstillstand, und wir waren bereits guter Hoffnung, dass sich die Situation normalisieren würde, als ich es an einem Dienstag nach der Schule wagte, einen Freund zu mir nach Hause einzuladen, wo wir den Plan verfolgten, mit unseren Klick-Klack-Kugeln auf Rekordjagd zu gehen. Ich hatte die an zwei Kordeln hängenden Plastikkugeln gerade erst von meinem Taschengeld gekauft und meiner Mutter hoch und heilig versprochen, damit ausschließlich auf dem Spielplatz im Anlagenring zu trainieren, da die Knallerei der aneinanderschlagenden Kugeln nicht nur ihr selbst, sondern ganz sicher auch unserem Nachbarn auf die Nerven gehen würde.

Ärger war also vorprogrammiert, als ich die Chance nutzte, dass meine Mutter noch arbeitete, während ich zum ersten Versuch des Nachmittags ansetzte und es mir sogleich gelang, die Kugeln nicht nur unten baumelnd gegeneinander schlagen zu lassen, sondern auch oben, sodass sich die Zahl der Schläge verdoppelte – und der damit verbundene Krach ebenfalls. Mein Freund Tobi, der das Spiel bereits perfektioniert hatte, was sich durch die unzähligen blauen Flecken auf seinen Unterarmen manifestierte, schaffte den Doppelschlag sogar länger als eine Minute, und zwar ohne Unterbrechung.

Durch die Lautstärke der aneinanderschlagenden Kugeln konnten wir auch nicht die Wohnungstür über uns zuschlagen hören, von dem selbst noch in meinem Zimmer der Fußboden vibrierte. Erst als die Türglocke schellte, ging ich beherzt mit der Hand dazwischen und brachte die Kugeln zum Schweigen. Still kauerte ich mich mit Tobi aufs Bett, während die Türglocke erneut schellte, länger und heftiger diesmal, als würde sie durch das aufgebrachte Pressen lauter werden. Wir machten keinen Mucks und hofften, Winterkorn würde sich wieder verziehen. Doch er dachte gar nicht daran. Er klingelte wieder und wieder, erst kurz und wütend, dann lange und durchgehend, sodass sich das metallische Schellen durchaus mit dem Knallen unserer Kugeln messen lassen konnte.

„Ich weiß genau, dass du zuhause bist", schrie Winterkorn durchs Haus und schlug gegen die Tür. „Wart's nur ab, Freundchen, ich krieg dich schon. Wenn deine Mutter heimkommt, kannst du was erleben!"

Nach dieser unverhohlenen und absolut ernstzunehmenden Drohung stapfte Winterkorn wieder nach oben, und als die Luft rein zu sein schien, verabschiedete sich Tobi und schlupfte, so leise er konnte, aus der Wohnung und durchs Treppenhaus auf die rettende Straße.

Meine Mutter war noch keine fünf Minuten zu Hause, als Winterkorn klingelte und sie anplärrte, was für ein ungezogenes Gör sie da großziehe. Er erzählte ihr vom infernalischen Getöse meiner Klick-Klack-Kugeln, aber das sei ja kein Wunder, da fehle eben der Vater, der dem Jungen gehörig eins hinter die Löffel geben würde.

Wie immer, so nahm mich meine Mutter auch dieses Mal in Schutz und schrie den Nachbarn ihrerseits an, dass er sich gefälligst aus unserem Leben herauszuhalten habe, das ginge ihn nichts, aber auch rein gar nichts an, und überhaupt sei er ein unverschämter und von Grund auf böser, alter Mann, den man nicht einmal seinem ärgsten Feind ins selbe Haus wünschte. Das Wortgefecht hielt eine ganze Weile an, bevor es Frau Gütlich, der normalerweise sehr freundlichen alten Dame, die unter uns wohnte, zu bunt wurde und sie nun ihrerseits durchs Treppenhaus um Ruhe schrie. Meine Mutter nutzte den Moment und schlug die Tür zu.

So endeten die Streitereien mit Winterkorn in den meisten Fällen, nur war Mama diesmal nicht nur wütend auf ihn, sondern auch auf mich, schließlich hatte ich gegen ihre ausdrückliche und klare Ansage verstoßen und ihr den Ärger so überhaupt erst eingebrockt. Sie suchte und fand die Kugeln, die ich zuunterst in meiner Bällekiste versteckt hatte und konfiszierte sie auf unbestimmte Zeit. Den ganzen Abend über sprach sie kein Wort mehr mit mir. Eine Strafe, die ich fürchterlich fand und die gottlob nur äußerst selten vorkam. Erst als sie am darauffolgenden Tag von der Arbeit heimkehrte, hatte sich meine Mutter wieder beruhigt und brach ihr Schweigen.

„Wieso ist der immer so böse zu uns?", fragte ich, als die Kerzen am Christbaum brannten, wir am Abendbrottisch saßen und mir Mama eine Kelle Kartoffelsalat auf den Teller gab. Das neue Kofferradio stand neben uns auf dem Tisch und spielte leise weihnachtliche Musik.

„Er ist nicht nur zu uns so, er ist zu allen böse", antwortete meine Mutter und wünschte mir guten Appetit.

„Aber warum?"

„Ich kann es dir nicht sagen, Martin. Ich denke, er ist einsam und verbittert. Vielleicht hat er etwas sehr Schlimmes erlebt und wurde deswegen so ein Ekelpaket."

„Mir egal. Ich finde, er ist ein blöder Idiot."

„Martin! Solche Ausdrücke will ich nicht hören, verstanden? Schon gar nicht an Heiligabend."

„Entschuldigung", murmelte ich und schnitt die Bratwurst klein.

„Und selbst wenn er ein blöder Idiot wäre, müssen wir mit ihm klarkommen. Herr Winterkorn ist wie Ebenezer Scrooge, erinnerst du dich? Das war der böse alte Mann aus der Weihnachtsgeschichte, die ich dir neulich vorgelesen habe. Der Mann, dem die Geister der Weihnacht erschienen sind und der am Ende richtig nett wurde. Dein Großonkel Rudi war früher übrigens genauso."

„Onkel Rudi?"

„Ja, er war noch schlimmer als Scrooge und konnte richtig gemein sein, das kannst du mir glauben."

Doch genau das fiel mir ausgesprochen schwer. Ich hatte Onkel Rudi nicht wirklich oft erlebt, ihn aber als einen sehr lustigen alten Mann in Erinnerung, der für jeden Quatsch zu haben war. Außerdem konnte ich ihm alles erzählen, auch das, was ich selbst meiner Mutter nicht anvertrauen würde. Onkel Rudi sprach mit mir nicht wie mit einem Kind, sondern nahm mich ernst und behandelte mich wie einen Erwachsenen. Und dieser Mann sollte so schlimm gewesen sein?

„Weißt du, Martin", sagte meine Mutter. „Manchmal passiert etwas im Leben, wodurch sich die Menschen grundlegend verändern, das kann zum Bösen oder auch zum Guten sein. Bei Scrooge waren es die Geister, die ihm erschienen, bei Onkel Rudi war es ein Unfall."

Sie erzählte mir die Geschichte, wie der Bruder ihrer Mutter vor vielen Jahren in einer Sommernacht mit seinem Auto in den Main gefahren war. Es hatte kräftig geregnet, und durch die Windschutzscheibe konnte er kaum etwas erkennen. Außerdem war er, wie sich später herausstellte, ziemlich betrunken gewesen, und so übersah er den Fluss und fuhr bei Rumpenheim geradewegs in den Main. Er wollte sich befreien, doch ließen sich durch den Druck des Wassers die Türen nicht öffnen. Innerhalb von Minuten versank das Auto blubbernd im schnell vor sich dahinfließenden dunklen Wasser, und nur durch die Hilfe zweier junger Männer, die das Geschehen vom Ufer aus beobachtet hatten und ohne zu überlegen zu Hilfe eilten, konnte Onkel Rudi befreit werden. Das Wasser des Mains hatte bereits das Wageninnere geflutet. Dadurch gelang es den beiden, die Fahrertür zu öffnen und sie konnten den bewusstlosen Mann ans Ufer bringen. Onkel Rudi atmete nicht mehr, doch die Retter gaben nicht auf, beatmeten ihn und pressten ohne Unterlass sein Herz, während eine Anwohnerin, die die Hilferufe der Männer vernommen hatte, nach dem Krankenwagen telefonierte. Als die Rettungskräfte nach endlosen Minuten erschienen, hatten es die beiden Männer tatsächlich geschafft, Onkel Rudi wiederzubeleben. Prustend und hektisch nach Luft schnappend, kam er wieder zu sich und überlebte.

„Nach dem Unfall war mein Onkel wie ausgewechselt, Martin. Als wir ihn ein paar Tage später im Krankenhaus besuchten, erzählte er uns, dass er für einen kurzen Moment bereits tot gewesen war und es an ein Wunder grenzte, dass er gerettet werden konnte. Durch den sekundenlangen Augenblick des Todes seien ihm die Augen geöffnet worden und er habe die Zeit in der Klinik dazu genutzt, über sein Leben nachzudenken und ihm täte vieles von dem, was er anderen gesagt oder ihnen angetan hatte, unendlich leid. Er sprach über die zahlreichen Fehler, die er gemacht hatte, bedauerte ehrlich, dass ihn so wenige Menschen mochten und fragte sich, wie er nur so hässlich zu den Leuten gewesen sein konnte. Auch grübelte er darüber nach, ob er seiner Familie überhaupt gefehlt hätte oder ob sie über seinen Tod sogar froh gewesen wären. Solche Dinge und vieles mehr gingen deinem Großonkel nach dem Unfall durch den Kopf."

„Und darum hat er sich geändert?"

„Ja, danach wurde er ein ganz anderer Mensch. Fast hätten wir ihn nicht wiedererkannt und mussten uns erst einmal daran gewöhnen, dass er niemanden mehr piesackte. Er entschuldigte sich bei seinen Eltern, seiner Schwester, bei der ganzen Familie für sein boshaftes und gemeines Verhalten. Er ging auf alte Freunde zu, die seit Jahren nichts mehr mit ihm zu tun haben wollten. Jeden von ihnen hatte er unzählige Male beleidigt, bis keiner mehr etwas von ihm wissen wollte. Daher war es gar nicht so leicht für Onkel Rudi, denn zunächst wollte ihm niemand die Veränderung glauben. Erst nach einer ganzen Weile konnte er die Leute überzeugen, dass es ihm wirklich ernst war und er ein von Grund auf neuer Mensch werden wollte."

„Und dann wurde er nett?"

„Mehr als das, Martin, dein Großonkel wurde einer der nettesten Menschen überhaupt. Er versuchte, alles gutzumachen, was er vorher falsch gemacht hatte. Du kennst ihn ja. Du würdest doch nie glauben, dass er früher einmal ein richtig fieser Mann war, oder?"

„Nein, das würde ich nicht."

„Siehst du, manchmal muss den Menschen eben erst etwas passieren, bis ihnen klar wird, dass sie sich falsch verhalten und sie erkennen, was sie anderen mit ihrer Art antun. Aber nun Schluss damit, mein Schatz, heute ist Weihnachten, für heute haben wir genug geredet, jetzt lassen wir es uns gutgehen. Möchtest du noch ein Würstchen?"

Wir saßen noch eine Weile beisammen und aßen gemütlich, dann spielten wir eine Runde Halma, bevor meine Mutter den Fernseher einschaltete und mich ins Bett schickte. Das Radio durfte ich mitnehmen, und weil Weihnachten war, erlaubte mir meine Mutter, noch eine halbe Stunde leise Musik zu hören.

Ich lag im Bett, das Licht der Senderskala beleuchtete die Wand, und während ich den englischen Liedern auf einem Mittelwellensender lauschte, dachte ich nach. Es fiel mir wirklich schwer zu glauben, was meine Mutter über Onkel Rudi erzählt hatte. Konnte man sich tatsächlich so verändern? Doch je mehr ich darüber nachsann, desto klarer wurde mir, was zu tun war. Was einmal funktioniert hatte, würde sicher auch ein zweites Mal klappen. Ich wusste nur noch nicht, wie ich es anstellen sollte.

Den darauffolgenden Tag nutzte ich für die Planung meiner guten Tat. Am Nachmittag waren wir zum Weihnachtskaffee bei Oma und Opa eingeladen, bis dahin blieb ich mit meinem Radio im Zimmer, lag auf dem Bett und dachte nach. Herr Winterkorn fuhr kein Auto, er ging zu Fuß oder nahm die Bahn, und selbst wenn: Wie hätte ich ihn dazu bringen sollen, in den Main zu fahren? Nein, ich musste mir wohl oder übel etwas anderes einfallen lassen.

Ein Stromschlag wäre gut gewesen, mit Strom kannte ich mich jedoch nicht aus, und ich konnte schlecht jemanden um Rat fragen. Außerdem hätte ich dazu Herrn Winterkorns Wohnung betreten müssen, und nichts wollte ich weniger, allein die Vorstellung war gruselig, wer weiß, was ich darin vorfinden würde?

Gift erschien mir eine denkbare Möglichkeit, allerdings besaß ich nichts dergleichen und Mama, soweit mir bekannt war, ebenfalls nicht. Zwar hatte sie eine Pappschachtel mit Tabletten, an die ich nicht durfte und die sie, damit ich nicht auf dumme Gedanken kam, immer oben auf dem Badschrank deponiert hatte. Aber echtes Gift? Nein, Gift würde ich darin sicher nicht finden. Tabletten waren Medizin, und Medizin sollte einen heilen und nicht töten.

Meine Großeltern hingegen besaßen Rattengift, das wusste ich, weil sie mir letzten Sommer genau gezeigt hatten, wo sie es im Garten gestreut hatten, nicht dass ich am Ende davon knabberte. Doch auch dabei gab es drei Probleme: Erstens konnte ich Oma und Opa ohne plausiblen Grund kaum um Rattengift bitten, zweitens hätte Herr Winterkorn es freiwillig schlucken müssen, wovon ich nicht ausging, und drittens war ich sicher, dass auch das nicht die Art von Unfall war, die aus Herrn Winterkorn einen besseren Menschen machen würde.

Nachdem ich Pfeil und Bogen für meine Pläne ebenso verwarf wie den Einsatz von Messern und Schraubenziehern, hatte ich endlich eine Idee, die mir nach reiflicher Überlegung als die mit Abstand beste erschien, jedenfalls konnte ich nichts finden, was dagegen gesprochen hätte.

Der Nähkorb meiner Mutter befand sich neben der Kommode in ihrem Schlafzimmer, ich brauchte lediglich einen Vorwand, um unauffällig an ihn heranzukommen. Ich entschied mich zu erzählen, meinen Cowboyfiguren Lassos basteln zu wollen. Das klang überzeugend, hoffte ich, schließlich hatte ich bereits meine Matchboxautos neu lackiert und aus Bausteinen Parkhäuser, Westernforts oder Mississippi-Schiffe gebaut. Tatsächlich schöpfte Mama keinerlei Verdacht und freute sich sogar über den Einfallsreichtum ihres Sohns, als ich das Nähzeug in mein Zimmer schleppte und mich durch das Garn wühlte, das sie darin aufbewahrte.

Nach einigen entmutigenden Reißtests entschied ich mich für schwarzen Zwirn, nahm den zackigen Stern, auf den das Garn aufgewickelt war und schnappte mir aus einem der Fächer die kleine Schere. Dann stellte ich den Nähkorb zurück und bastelte aus einer Handvoll schwarzer Fäden kleine Lassos. Den Rest des Garns hob ich mir für morgen auf.

Am zweiten Weihnachtsfeiertag hatten wir nichts vor. Im Fernsehen gab es eine Eisrevue, die meine Mutter sehen wollte und später am Nachmittag einen Film mit der Kaiserin von Österreich. Ich leistete ihr Gesellschaft, wartete, bis es zu dämmern begann, und bat darum, noch eine halbe Stunde zu Ralf gehen zu dürfen. Angeblich, so schwindelte ich meine Mutter an, wollte Ralf mir seine Weihnachtsgeschenke zeigen. Wie erhofft, schöpfte sie keinen Verdacht und erlaubte mir zu gehen, spätestens zum Abendessen sollte ich aber wieder zu Hause sein. Ich gab ihr mein Ehrenwort, steckte Zwirn und Schere ein und sprang, immer zwei Stufen auf einmal nehmend, die Treppen herunter. Unten angekommen blieb ich im Hausflur stehen, ließ die Haustür ins Schloss fallen, wartete einen Augenblick, und als sich nichts rührte, schlich ich so leise ich konnte wieder nach oben. Ich bewegte mich lautlos an unserer Wohnungstür vorbei, lauschte vorsichtshalber nach verdächtigen Schritten, doch hörte ich nur die Stimmen aus dem Fernseher. Soweit lief alles nach Plan.

Dann stieg ich zwei Treppen nach oben und blieb auf der obersten Stufe von Herrn Winterkorns Etage sitzen. Er wohnte direkt unter dem Dach, darüber gab es nur noch den Trockenboden. An Weihnachten, nahm ich an, würde allerdings niemand im Haus Wäsche aufhängen oder getrocknete Wäsche abnehmen.

Bis siebzehn Uhr hatte ich noch etwa eine Stunde Zeit, dann würde Herr Winterkorn wie jeden Abend das Haus verlassen, um in der Apfelweinwirtschaft in der Glauburgstraße einen Schoppen zu trinken. Manchmal konnten wir ihn hören, wenn er singend oder fluchend zurückkehrte, sich aber keiner der Nachbarn traute, die Tür zu öffnen und um Ruhe zu bitten.

Ich wickelte den Zwirn um eine Stange des Treppengeländers und verknotete sie. An der Mauerwand auf der gegenüberliegenden Seite befand sich nichts, um das ich das Garn hätte binden können, damit hatte ich natürlich gerechnet und eigens den ringförmigen Haken aus der Unterseite meines Bücherregals geschraubt, an dem bis vor einer halben Stunde eine Rittermarionette gehangen hatte. Es brauchte ziemlich viel Kraft und Zeit, den Haken in die hölzerne Stufe der Treppe zu drehen, doch es funktionierte. Ich band das andere Ende des Fadens um den metallenen Ring, zog das Seil fest und verknotete es sicherheitshalber gleich zweimal. Ich zog daran und zufrieden stellte ich fest, dass der Zwirn genügen sollte, um Herrn Winterkorn folgenreich zu Fall zu bringen.

Mein Herz schlug vor Aufregung und gewiss auch ein bisschen vor schlechtem Gewissen. Was, wenn mein Anschlag fehlschlug und Herr Winterkorn nicht nur ein bisschen starb, sondern richtig? Ich beruhigte mich mit dem Gedanken, dass ich das schließlich nur zu seinem und zu unser aller Vorteil tat. Wer weiß, vielleicht hätte unser Haus dank meiner Tat in Zukunft den nettesten Nachbarn der Welt? Das hätten die Leute auf den anderen Stockwerken alleine mir zu verdanken.

Ich prüfte mein Werk ein letztes Mal, schlich hinunter ins Erdgeschoss und drückte den Knopf unserer Türklingel. Als der Summer ertönte, ließ ich die Haustür ins Schloss fallen, eilte pfeifend und laut stampfend die Treppe hinauf und betrat unsere Wohnung. Ich meldete mich früher als erwartet bei meiner Mutter zurück und verschwand in meinem Zimmer. Dort blieb ich und horchte konzentriert auf ein Geräusch aus dem Treppenhaus.

Keine zehn Minuten später war es soweit. Pünktlich um siebzehn Uhr hörte ich über uns die Wohnungstür zuschlagen, direkt danach das Geklimper von Schlüsseln und kurz darauf einen ohrenbetäubenden Lärm, als würde ein Sack Kartoffeln die Treppenstufen hinunterpoltern. Eine mir vertraute Männerstimme schrie vor Schmerz stöhnend auf. Nicht nur meine Mutter stürzte aufgeregt zur Wohnungstür, auch Herr Neubert, der zwei Stockwerke unter uns wohnte, eilte bereits zu Hilfe und fand den alten Winterkorn auf dem Rücken liegend auf dem Treppenabsatz über uns, die Arme weit von sich gestreckt, die Beine auf den Treppenstufen oberhalb, als wäre sein Oberkörper bereits vorgegangen und die Beine hätten mit dem flotten Tempo nicht schritthalten können.

Jemand müsse den Krankenwagen rufen, sagte Herr Neubert, woraufhin meine Mutter zum Telefon in unserem Flur eilte, das wie immer auf dem, einem Präsentteller ähnelnden, handgeknüpften Teppich stand. Sie wählte die Nummer des Rettungsdienstes, erklärte die Lage, legte auf und kehrte zum Verletzten zurück, während ich so unauffällig wie möglich hinter ihr her schlich.

Herr Winterkorn sah nicht gut aus. Er blutete aus einer Wunde am Kopf und sein rechtes Bein wirkte seltsam verdreht. Neugierig betrachtete ich sein schmerzverzerrtes Gesicht und überlegte, ob mein Plan nun geglückt war oder nicht. War Herr Winterkorn jetzt fast tot oder war er nur verletzt? Hatte der Anschlag für mein Vorhaben ausgereicht, oder war der Sturz am Ende zu glimpflich verlaufen? Ich kam nicht dazu, mir ein klareres Bild der Lage zu machen, denn meine Mutter entdeckte mich und schickte mich *aber ganz flott* zurück in die Wohnung, der Anblick sei nichts für Kinder.

Folgsam verzog ich mich und lauschte hinter der einen Spalt breit geöffneten Wohnungstür den Schritten der Sanitäter, die kurz darauf mit lauten Stimmen durchs Haus eilten. Die beiden Männer redeten beruhigend auf Herrn Winterkorn ein, doch konnte ich nicht verstehen, was sie sagten. Als sie mit dem auf einer Trage liegenden Nachbarn an uns vorbeibogen, entdeckte mich Herr Winterkorn und sah mir unverwandt in die Augen. Ahnte er etwas? Wusste er womöglich, wer ihm die tödliche Falle gestellt hatte? Die Augen des Alten waren nur halb geöffnet, doch ich sah darin die Schmerzen, die ich ihm zugefügt hatte und schämte mich in Grund und Boden. Ich hätte auf der Stelle heulen können. Ich war ein Monster, ein Mörder.

Ich lief zurück ins Zimmer, warf mich aufs Bett und verkroch mich zu meinen Stofftieren, die ordentlich platziert ums Kopfkissen saßen und von meiner verabscheuungswürdigen Tat nichts ahnten. Was hatte ich um Himmels willen getan? Wie konnte ich überhaupt auf so etwas kommen? Musste ich jetzt womöglich ins Gefängnis? Und was würde dann aus Mama werden?

Ohne zu klopfen, öffnete meine Mutter die Zimmertür und kam herein. Ich wagte es kaum, ihr ins Gesicht zu blicken.

„Herr Winterkorn wird ins Krankenhaus gebracht. Der Arzt sagt, dass er sich wahrscheinlich das Bein gebrochen und einige Wirbel geprellt hat. Wie es aussieht, hatte er unwahrscheinliches Glück, er hätte sich genauso gut das Genick brechen können."

Ich nickte stumm und sagte kein Wort.

„Ich habe Herrn Winterkorns Wohnung abgeschlossen und auf der Treppe nachgesehen, worüber er gestolpert sein könnte. Dabei habe ich das hier gefunden." Sie hielt mir ein zerrissenes Stück Zwirn und den verbogenen Haken hin, an dessen Schraubgewinde Holzreste klebten.

„Warst du das?" fragte sie ernst. „Martin, sieh mich an! Warst du das? Brauchtest du dafür meinen Nähkasten?"

Dann endlich begann ich zu weinen und erklärte ihr schluchzend, was ich getan hatte und dass ich aus Herrn Winterkorn einen besseren Menschen machen wollte.

Meine Mutter ließ mich erzählen, unterbrach mich kein einziges Mal und hörte zu. Wider Erwarten schimpfte sie nicht mit mir, sondern nahm mich, als ich nichts mehr zu sagen hatte, in den Arm und wiegte mich, wie sie es getan hatte, als ich noch ganz klein war.

„Es ist meine Schuld, Martin, wie konnte ich dir das nur erzählen?", sagte sie mit leiser Stimme. „Gott sei Dank hat Herr Winterkorn den Sturz überlebt." Dann wischte sie mir die Tränen vom Gesicht und schickte mich ins Bett. Morgen sei ein neuer Tag, und dann würde man weitersehen.

Mama hatte recht. Der neue Tag kam tatsächlich, und während ich noch schlief, hatte meine Mutter bereits im Krankenhaus angerufen und sich nach dem Zustand unseres Nachbarn erkundigt.

„Herrn Winterkorn geht es ganz gut", sagte sie, als sie hereinkam, um mich zu wecken. „Er hat sich den Oberschenkel gebrochen, das Handgelenk verstaucht und zwei Rippen geprellt. Aber er wurde bereits operiert und ist bald wieder auf den Beinen."

Mir fiel ein Stein von Herzen, dass mein Plan fehlgeschlagen war, auch wenn ich immer noch nicht wusste, welche Strafe mich erwartete. Denn *dass* ich eine Strafe verdiente, war sonnenklar. Ich war es, der den Stolperdraht gespannt hatte, damit konnte ich schlecht ungeschoren davonkommen.

Wir frühstückten gemeinsam, dann sagte meine Mutter, ich solle mich anziehen. „Wieso?", fragte ich. Es waren noch Ferien, da durfte ich sonst so lange im Schlafanzug bleiben, wie ich wollte.

„Weil wir ins Krankenhaus gehen. Wir besuchen Herrn Winterkorn."

„Du wartest vor dem Zimmer, bis ich dich rufe", befahl meine Mutter, als wir im Krankenhaus angekommen waren und uns zur Station durchgefragt hatten, auf der unser Nachbar lag. Dann klopfte sie an der Tür des Krankenzimmers und ging hinein. Ich blieb auf dem Gang zurück. Neugierig beobachtete ich die Krankenschwestern, die mit weißen Häubchen durch die Gänge eilten und in Räumen verschwanden, über deren Tür ein Licht brannte. Insgeheim hoffte ich, dass meine Mutter wieder herauskommen würde, weil Herr Winterkorn eingeschlafen sei, doch so viel Glück hatte ich leider nicht.

Als mir vom langen Stehen bereits die Beine wehtaten, öffnete sich die Tür des Krankenzimmers und meine Mutter streckte den Kopf heraus. Sie winkte mich heran, nahm mich bei der Hand und mit zittrigen Knien und einem Kribbeln im Bauch folgte ich ihr hinein.

Herr Winterkorn teilte das Zimmer mit zwei anderen Männern, sein Bett stand am hinteren Ende des Raums, gleich neben dem Fenster. Meine Mutter stellte sich hinter mich und legte die Hände auf meine Schultern. Herr Winterkorn sah mich nicht an, sondern schaute aus dem Fenster. Auf seiner Stirn klebte ein großes Pflaster, die Haut darunter war orange. Sein rechtes Bein war eingegipst, nur die Fußzehen lugten heraus.

„Herr Winterkorn, Martin möchte Ihnen gerne etwas sagen", begann meine Mutter, und ich wusste sofort, was sie von mir erwartete.

„Entschuldigung", murmelte ich leise. „Es tut mir leid, ich hab das nicht gew ..." Nein, so konnte ich es nicht sagen, das wäre gelogen gewesen. Natürlich hatte ich es gewollt, es hatte nur nicht so geklappt, wie ich es mir vorgestellt hatte. „Ich ... ich hätte das nicht tun sollen."

„Du wolltest mich umbringen", sagte Herr Winterkorn, ohne mich eines Blickes zu würdigen. „Deine Mutter hat mir alles erzählt. Eigentlich müsste man dich dafür einsperren. Was hast du dir nur dabei gedacht?"

Das stimmt nicht, dachte ich, ich wollte dich nicht töten, nur fast. Doch behielt ich meine Gedanken sicherheitshalber für mich, denn ich war mir nicht sicher, ob Herr Winterkorn sie verstanden hätte.

„Es tut mir leid", sagte ich stattdessen und senkte den Kopf.

„Es tut dir leid, es tut dir leid", äffte mich Herr Winterkorn nach. „Das macht mein Bein auch nicht wieder gesund."

„Er hat sich entschuldigt, Herr Winterkorn", sprang mir Mama zur Seite. „Er wollte Sie mit seiner dummen Idee zu einem besseren Menschen machen."

Herr Winterkorn sagte nichts und schloss die Augen. Das war es jetzt hoffentlich, dachte ich und nahm an, dass wir nun gehen konnten, doch meine Mutter blieb stehen und rührte sich nicht vom Fleck.

„Herr Winterkorn möchte dir einen Vorschlag machen, Martin", sagte sie schließlich. „Er möchte, dass du das, was du getan hast, wieder gutmachst." Ich wusste nicht, worauf Mama hinauswollte. Das Bein unseres Nachbarn war kaputt, wie sollte ich das rückgängig machen? Der alte Mann drehte den Kopf zu mir und sah mich an.

„Bin ich wirklich so ein altes Ekel, Martin?"

Ich war mir nicht sicher, was ich darauf antworten sollte, entschied mich aber dafür, besser nicht zu lügen und sagte stattdessen *ja*. Daraufhin schloss Herr Winterkorn erneut die Augen und atmete tief durch.

„Auch wenn ich wirklich ein so böser Mann sein sollte, wie du denkst, musst du für deinen Fehler geradestehen. Ich habe mir Folgendes überlegt: Ich werde vergessen, was du getan hast, dafür wirst du meine Einkäufe erledigen, die Post und die Zeitung aus dem Briefkasten holen, die Katze füttern ..."

„Sie haben eine Katze?", rutschte es mir heraus. Davon hatte ich nie etwas mitbekommen.

„Du warst ja auch noch nie bei mir. Mikesch, ein Siamkater. Du wirst ihn füttern und bei Bedarf sein Katzenklo saubermachen. Das alles erledigst du von nun an jeden Tag, nachdem du deine Hausaufgaben gemacht hast, und zwar bis ich wieder so gut laufen kann, dass ich es selbst übernehmen kann. Haben wir uns verstanden?"

„Ja, Herr Winterkorn", antwortete ich leise, und meine Mutter fuhr mir durchs Haar. Offensichtlich hatten sie den Plan gemeinsam ausgeheckt.

„Gut. Dann geh jetzt, ich brauche meine Ruhe."

Wir verabschiedeten uns und ließen Herrn Winterkorn zurück. Als wir die Tür schlossen, blickte er wieder aus dem Fenster. Es hatte zu schneien begonnen, und er betrachtete die Flocken, die schwer und langsam zu Boden fielen.

Als wir das Krankenhaus verließen, war ich erleichtert. Irgendwie wurde ich das Gefühl nicht los, nochmal davongekommen zu sein. Keine Polizei, kein Gefängnis, nur ein paar Strafstunden bei Herrn Winterkorn. Eine durchaus angemessene Strafe für versuchten Mord, fand ich.

Dreieinhalb Jahre später starb Herr Winterkorn an einer Lungenentzündung. Bis zuletzt hatte ich ihn besucht und ihm geholfen, wo ich konnte. Längst hatte sich herausgestellt, dass er tatsächlich nicht das Ekel war, für das ich und für das wir alle ihn im Haus gehalten hatten. Meine Gesellschaft tat ihm offenbar gut, jedenfalls brachte ich ihn immer häufiger zum Lachen. Im Gegenzug zeigte er mir, wie man Skat und Schach spielte, erklärte mir mit viel Geduld, wie ein Mikroskop funktionierte und welche Sternbilder sich in klaren Nächten über dem Frankfurter Himmel erkennen ließen.

Mikesch nahmen wir zu uns, und der träge Kater, der am liebsten in der Sonne auf meinem Fensterbrett vor sich hin döste, erinnerte uns noch Jahre danach an den alten Nachbarn, den ich fast im Alleingang unter die Erde gebracht hätte. Eine Nahtoderfahrung war mir bei Herrn Winterkorn zwar nicht gelungen, doch hatte sich gezeigt, dass bereits ein sauberer Oberschenkeldurchbruch genügte, um ein ähnliches Ergebnis zu erzielen und um aus einem verbiesterten Alten einen viel verträglicheren Menschen zu machen.

Vielleicht, gab meine Mutter zu bedenken, als wir uns nach der Beerdigung des Alten darüber unterhielten, war es aber auch umgekehrt, und ich hatte durch mein fehlgeschlagenes Attentat gelernt, dass es gelingen konnte, selbst verbiesterte, griesgrämige und gehässige Menschen wie Ebenezer Scrooge oder Herrn Winterkorn zu verändern, wenn man ihnen nur freundlich, hilfsbereit und mit Geduld entgegentrat.

Herr Winterkorn blieb der einzige Versuch, den ich in dieser Hinsicht unternahm, so gesehen konnte ich Mamas Theorie nicht empirisch untermauern, und ehrlich gesagt war ich auch nicht sonderlich scharf darauf, es ein zweites Mal auszuprobieren.

DAS GESCHENK

„We're only making plans for Nigel. We only want what's best for him"

Making plans for Nigel, XTC 1979

Verflucht, saß das Ding eng. Steff stand vor dem Spiegel, hatte es endlich geschafft, das mattglänzende schwarze Leder mit viel Mühe über die Waden zu zerren, hatte sich aufgerichtet, die Hose am Bund nach oben gezogen, bis die Oberschenkel praktisch vakuumiert waren, und nachdem er auch sonst alles verstaut hatte, hebelte er mit gequältem Gesichtsausdruck am Knopf, der partout nicht zugehen wollte, als es an der Tür hämmerte. Das zurückhaltende Klopfen zuvor hatte er nicht gehört, dazu dröhnte die Musik viel zu laut aus den großen, schwarzen Boxen, die den Fußboden leicht vibrieren ließen. Während er mit offener Hose zur Stereoanlage sprang, um die Lautstärke herunterzudrehen, öffnete sich auch schon die Tür, Steffs Mutter kam herein und hielt sich die Ohren zu:

„Mach um Himmels Willen diesen Krach leiser."

Wäre sie den Bruchteil einer Sekunde später hereingeplatzt, hätte ihr Steff den Wunsch bereits erfüllt. Er schob den Regler nach unten und augenblicklich wurde es stiller unter der Dachschräge.

„Was ist das überhaupt für ein Lärm? Was hörst du da Schreckliches?"

„Das ist die Platte, die ihr mir geschenkt habt."

„Ist ja grauenhaft ... Wenn ich das gewusst hätte. Wie stehst du überhaupt da, Junge. Mach dir doch mal die Hose zu."

„Das versuche ich gerade", antwortete Steff genervt.

„Lass mich mal, warte ..."

„Nein, Finger weg!, schrie Steff und sprang zur Seite.

„Meine Güte, ich bin deine Mutter, jetzt stell dich nicht so an", ließ sich Elke Spieker nicht beirren, packte noch im selben Moment mit beiden Händen die Enden des Hosenbunds und zog sie mit aller Kraft zusammen. Steff verdrehte die Augen und ließ es geschehen.

„Gute Güte, die sitzt ja viel zu eng. Ich denke, der hat Maß genommen. Das kann doch nicht sein."

„Die muss so sitzen, warte, ich mach das", nutzte Steff die Chance und übernahm wieder das Kommando. Er atmete so tief es ging ein und hebelte den Knopf entschlossen ins Loch.

„Jetzt darfst du nur nicht ausatmen. Wieso hast du dir die denn nicht ein bisschen weiter machen lassen? Das kann doch nicht bequem sein."

Steff atmete aus, ohne dass etwas passierte, nur der wirklich schmale Bauch drückte sich leicht über den Bund.

„Die muss so sein, glaub mir, Mutter. Die trägt man jetzt so."

„Hoffentlich überlebt ihr das, die Hose und du. Obwohl, für den Preis müsste sie eigentlich ein Leben lang halten. Na, Hauptsache, sie gefällt dir."

„Das tut sie. Nochmal danke, ein tolles Geschenk", sagte Steff und ging in die Hocke, um das Leder zu weiten. Nie im Leben hätte er es zugegeben, aber eine Spur bequemer hätte die Hose schon sein können. Aber das ließ sich jetzt nicht mehr ändern, da musste er durch.

„Wozu ziehst du dich eigentlich um?", wollte seine Mutter wissen. „Gehst du etwa noch weg?"

„Ja, ich treffe mich mit ein paar Freunden."

„An Heiligabend?"

„Warum nicht? Harald, Matze und ein paar andere kommen auch."

„Und wo wollt ihr hin? Zu Harald?"

„Nein, in die Batschkapp."

„Heute hat doch nichts offen."

„Doch, die Batschkapp schon. Sag mal, weißt du, wo meine Turnschuhe sind? Ich find die nicht."

Frau Spieker zuckte die Schultern und räumte den Frühstücksteller mit dem butterverschmierten Messer und den Käseresten, der es wie üblich nicht bis in die Küche geschafft hatte und langsam zum Biotop mutierte, vom Schreibtisch ihres Sohnes. „Wahrscheinlich noch in der Waschmaschine. Die hatten es wahrlich nötig."

„Oh nee, nicht dein Ernst, oder?"

„Die sind sowieso zu kalt, Stefan. Du hast so schöne braune Halbschuhe. Die ziehst du nie an."

Doch da war ihr Sohn bereits an ihr vorbeigeeilt und sprintete in Socken die Treppe hinab in den Keller, zur Waschküche.

Frau Spieker blieb oben und sah sich in Steffs Zimmer um. Zaghaft und ein wenig ungläubig schüttelte sie den Kopf. Wie erwachsen der Junge geworden war, fast war es ihr unheimlich. Es war gerade ein paar Monate her, da hatten an den Wänden die Bilder von Fußballern gehangen und die Poster von Superheldenfilmen, die Steff den Kinobetreibern auf der Zeil zum Programmwechsel abgebettelt hatte. Heute blickten wildaussehende Musiker von Bands auf sie herab, deren Namen sie noch nie gehört hatte: The Police, The B-52's, The Clash und, fast in Lebensgröße, ein Typ mit völlig verrücktem Haarschnitt und hochgezogener Oberlippe.

Billy Idol stand unter dem Bild.

Hoffentlich war das keiner von Stefans Idolen, die Haare trug ihr Sohn ja wenigstens noch einigermaßen anständig, jedenfalls nicht blondiert. Und die Strähnen, die er mit dem Wachs, das sie ihm vom Friseur mitgebracht hatte, nach oben knetete, standen ihm sogar recht gut. Er war sowieso ein adretter Junge, und die Pickel am Haaransatz, an denen er ständig herumdrückte, würden im Laufe der Zeit von selbst verschwinden und taten dem Gesamteindruck keinen Abbruch.

Und wo sie schon bei der Bestandsaufnahme des Zimmers und dessen Bewohners war, konfiszierte Frau Spieker auch gleich den *Playboy*, der leidlich gut versteckt unter einem Comicheft neben Steffs Bett hervorlugte und den sich ihr Sohn immer häufiger von seinem Vater *lieh*, der das Magazin, wie Günther nicht müde wurde zu beteuern, wegen der anspruchsvollen Interviews abonniert hatte. Von Neugier getrieben, hatte Elke selbst ein paarmal darin geblättert und tatsächlich das ein oder andere interessante Gespräch entdeckt, andererseits räkelten sich auf den Doppelseiten dazwischen viel zu viele junge Frauen, die für die Augen ihres minderjährigen Sohnes eindeutig viel zu wenig anhatten. Das Heft würde sie unauffällig entsorgen, schließlich hatte sie als Mutter eine moralische Verantwortung, wenn auch nicht mehr all zu lange.

Steff kehrte mit einem Paar alter schwarzer Winterstiefeln an den Füßen zurück, die seiner Mutter schon seit langem ein Dorn im Auge waren.

„Die willst du nicht wirklich anziehen?"

„Die sind wunderbar warm."

„Na schön, dann mach doch, was du willst, Junge. Trotzdem schade, dass du noch weg möchtest. Wir hätten so gemütlich zusammensitzen, uns unterhalten und ein Spiel spielen können."

„Ein anderes Mal, Mama", antwortete Steff, zog die abgewetzte Lederjacke von der Garderobe neben der Tür, schnappte Helm und Nierengurt, die neben dem tragbaren

Schwarzweißfernseher auf dem Boden lagen und stand schließlich, bereit für den zweiten Teil des Heiligen Abends, vor seiner Mutter, die er seit geraumer Zeit um Kopfeslänge überragte.

„Feiert noch schön, du und Papa", sagte er und umarmte sie.

„Du auch", antwortete die Mutter. „Und komm nicht wieder so spät, ja? Versprich mir das."

„Ich weiß nicht, wann ich zurück bin, wirklich nicht. Wartet bitte nicht auf mich, es kann spät werden, du kennst die Jungs."

Damit lief er die Treppe hinab, steckte den Kopf ins Wohnzimmer, um sich von seinem Vater zu verabschieden, der über das Geschenk seiner Frau gebeugt, einen Folianten mit alten Landkarten, am Tisch saß und gar nicht mitbekommen hatte, dass sein Sohn im Begriff war zu gehen. Verwundert wünschte er ihm viel Spaß und beschloss, sich zu einem späteren Zeitpunkt von Elke erklären zu lassen, wohin Stefan um diese Zeit noch ausging.

Steff öffnete das Garagentor und schob das Kreidler Mofa, das er von seinen Eltern zum fünfzehnten Geburtstag bekommen hatte und das es bis zum Autoführerschein im nächsten Jahr noch tun musste, in die Einfahrt. Seit sich Matze damit befasst hatte, fuhr es immerhin mehr als fünfzig, damit ließ er selbst unfrisierte Mokicks stehen. Er durfte nur in keine Polizeikontrolle geraten, das brächte ihm mächtigen Ärger mit seinem Vater ein, und das, wusste er aus leidvoller Erfahrung, wäre weiß Gott kein Spaß.

Er öffnete den Benzinhahn, drehte den Zündschlüssel, zog den Choke, stemmte sich in die Pedale und begann zu treten. Zuverlässig war das Teil. Gleich beim ersten Versuch sprang das Mofa an, Steff wuchtete es vom Ständer, der quietschend nach oben schnalzte und fuhr los. Wenige Minuten später bog er bereits Richtung Maybachbrücke ab und hielt kurz darauf vor der Tür des *Elfer*, vor dem er das Mofa im Schutz einer Straßenlaterne abstellte. Ein Güterzug rauschte mit einem gleichförmigen, stakkatoartigen metallischen Klackern durch den angrenzenden Bahnhof, als Steff die Treppe zum Eingang der Batschkapp betrat, zwei Mark Eintritt bezahlte, den Stempel auf den Handrücken gedrückt bekam, die steilen Stufen nach oben stieg und sich dem Lärm näherte, der bis auf den Hof schallte.

Die Batschkapp war voll, vielleicht nicht ganz so brechend überfüllt wie beim normalen Idiot Ballroom, bei dem er, seit er sechzehn geworden war, vor allem freitags zu den Stammgästen auf der Tanzfläche zählte, dennoch war die Halle erstaunlich gut besucht. Schließlich war Weihnachten, und Steff hätte vermutet, dass sich heute nur ein paar einsame Seelen versammeln würden, so wie die drei dort drüben, die an der gegenüberliegenden Mauer lehnten und direkt unter dem Konzertplakat der UK Subs, bei dem es mal wegen einem Haufen Skins heftige Randale gegeben hatte, ein paar Punks beim Pogen zusahen. Steff winkte den Jungs zu, hoffte, dass sie ihn entdecken würden, und tatsächlich blickte Harald in seine Richtung und grüßte ihn mit erhobener Bierflasche. Steff gestikulierte mit den Händen, versuchte herauszufinden, ob Nachschub benötigt würde und Harald streckte drei Finger aus: zwei Bier für Matze und Olaf und eins für ihn.

Vorsichtig schob sich Steff durch die Menge bis zur Theke, die die komplette Stirnseite der Batschkapp einnahm. Anders als sonst gelangte er auf Anhieb bis in die erste Reihe und orderte vier Bier. Die Flaschen in den Händen haltend, bahnte er sich geschickt seinen Weg zurück, kam dennoch nicht umhin, den einen oder anderen anzurempeln, doch herrschte heute eine friedliche, fast feierliche Stimmung; niemand regte sich auf oder maulte ihn an, und so erreichte er, mit dem Kopf entspannt im Rhythmus der Musik wippend, seine Freunde, die ihn begrüßten und umarmten.

„Hey, heute ist Weihnachten, danke fürs Geschenk", sagte Matze und nahm Steff ein Bier ab.

„Besten Dank auch, Steff", meinten die anderen, griffen zu den übrigen Flaschen und stießen mit ihm an.

„Auf Heiligabend", sagte Steff und setzte die Flasche an.

„Auf Heiligabend."

„Und? Wie war's bei euch?"

Wie sich herausstellte, hatte der Abend bei den Freunden einen ähnlichen Verlauf genommen. Harald bekam nicht nur den Plattenspieler mit Stroboskop-Steuerung, den er sich gewünscht hatte, sondern auch gehörigen Ärger mit seinen Eltern, als er sich nach der zum Nachtisch gereichten Eistorte davonschleichen wollte. Haralds Vater, der weit strenger war als der von Steff, fing ihn an der Haustür ab, hielt ihm eine unschöne Standpauke und nur seiner Mutter und ihrem Wunsch nach einer friedlichen Weihnachtsstimmung hatte es Harald zu verdanken, dass er am Ende losziehen durfte, während sich der Rest der Familie den Regensburger Dom-spatzen im Fernsehen hingab.

Die Eltern von Olaf waren da um einiges verständiger. Seit er im Oktober achtzehn geworden war, durfte er im Großen und Ganzen tun und lassen, was er wollte, auch wenn, wie Vater Röder zu betonen nicht müde wurde, volljährig zu werden etwas völlig anderes bedeutete als erwachsen zu sein. In einem Punkt waren sich Vater und Sohn jedoch einig, und zwar, dass Olaf zügig seinen Führerschein machen soll-te, den Gutschein dafür hatte er am Abend unterm Christ-baum vorgefunden. Für Rödersche Verhältnisse ein ausgesprochen großzügiges Geschenk, an dem sich entsprechend auch die Großeltern beteiligen mussten, alleine hätte die Familie eine solche Ausgabe nicht stemmen können.

Olafs Schwester Katja hingegen war sauer auf ihren Bruder. Nicht etwa wegen des kostbaren Geschenks, das sie ihm von Herzen gönnte, nein, sie ärgerte sich, dass ihr großer Bruder ohne sie ging, denn seit den Sommerferien war sie mit Haut und Haar in Matze verknallt und hätte ihn liebend gerne ebenfalls getroffen, um ihm das Freundschaftsbändchen zu schenken, das sie für ihn geflochten hatte.

Matze allerdings stand nicht auf dreizehnjährige Siebtklässlerinnen. Außerdem war er mehr oder weniger mit Sybille aus der Parallelklasse zusammen, die es heute Abend jedoch vorgezogen hatte, zuhause zu bleiben. Für Sybille war das Fest in der Familie etwas sehr Wichtiges, wichtiger jedenfalls als ein Treffen mit Matze. Die beiden sahen sich daher erst morgen Nachmittag und das auch nur für ein Stündchen. Sie hatte ihn zu sich nach Hause eingeladen, wenngleich Matze ahnte, dass Sybilles Mutter alle naselang aus fadenscheinigen Gründen ins Zimmer platzen würde.

„Und du? Auch den Lappen geschenkt bekommen? Oder gleich das Auto dazu?", fragte Olaf und grinste. Die Jungs wussten, dass Steff fast alles bekam, was er sich wünschte, und nicht allein deshalb, weil er ein Einzelkind war. Nein, anders als seine Freunde, deren Eltern sich nur kleine Mietwohnungen in Eschersheim leisten konnten, und in der sich Harald das Zimmer bis heute mit seinem kleinen Bruder Thomas teilen musste, besaßen die Spiekers ein Haus im Dichterviertel, das so unauffällig reich aussah, dass die Leute oft davor stehenblieben und sich fragten, wer dort wohl wohnen mochte. Steffs Vater war einer der größten Frankfurter Bauunternehmer, Geld spielte bei ihnen nun wirklich keine Rolle. Zum Glück für Steff und dessen Akzeptanz im Freundeskreis merkte man ihm allerdings nicht an, wie weich er gebettet war. Den Reichtum der Eltern ließ er zu keinem Zeitpunkt heraushängen, und wie alle anderen holte auch er sich am Tresen die fünfzig Pfennig Flaschenpfand fürs Bier zurück.

„Nee, nichts da Führerschein. Das hier gab's zu Weihnachten." Stolz stellte er sich breitbeinig vor den Freunden auf und präsentierte die Lederjeans, die ihn nach wie vor bei lebendigem Leibe zusammenpresste. „Hat ein Kürschner handgenäht. Cool, oder?"

„Nicht schlecht. Sieht nur ein bisschen neu aus, finde ich", sagte Harald, schüttelte sein Bier und zielte auf Steffs Hose.

„Ey, spinnst du, oder was?"

„Jetzt riecht sie wenigstens ein bisschen nach Punk", lachte Harald und bekam zur Antwort seinerseits eine Bierdusche ab. „Ist ja gut, Frieden!" Harald drehte sich weg, und ließ den Schaum von der Jeansjacke triefen.

Als das erste Gitarrenriff von *London Calling* aus den Lautsprechern dröhnte, zog es die Jungs auf die Tanzfläche. Sie zappelten herum, tranken und grölten lauthals mit. Irgendeiner begann mit Pogo, und in kürzester Zeit sprangen sich die Leute an. Es dauerte gar nicht lang, da gingen die ersten schallend lachend zu Boden. Bierflaschen rollten zwischen den Füßen der Tanzenden herum und wurden von einem jungen Punk mit blondem Iro eingesackt, der noch fast wie ein Kind aussah.

Auch Steff erwischte es, Sekunden bevor der Song vorüber war. Er hatte den Punk nicht kommen sehen, wurde von der Seite angesprungen und flog ungebremst in die Richtung eines Mädchens, das, eine Zigarette und ein Bier in der Hand, den Spaß auf der Tanzfläche verfolgte und Steff nun als Rettungsanker diente. Er rammte sie, hielt sich irgendwie an ihr fest, ihr Bier flog zur Seite und nur der Gruppe hinter ihnen hatten sie es zu verdanken, dass sie nicht gemeinsam zu Boden gingen.

„Oh, Entschuldigung", stammelte Steff, dem sein Sturz furchtbar peinlich war und der nicht wusste, wohin er mit den Händen sollte. Völlig sinnlos wischte er Asche oder Bier oder was auch immer von ihrem Mantel, obwohl es dort gar nichts zu wischen gab, das Mädchen war verschont geblieben, nur ihr Bier hatte sie fallen gelassen. Sie entzog sich seinen Händen und sagte: „Alles gut, nichts passiert."

„Doch, doch, ich meine ... Ich hol dir gleich ein neues, ja?"

„Quatsch, nicht nötig."

„Doch, bitte, war schließlich meine Schuld."

Und noch bevor sie weiter protestieren konnte, drängelte sich Steff wieder zur Theke durch und kehrte wenig später mit zwei Flaschen in den Händen zurück. „Hier, bitte", sagte er und drückte dem Mädchen das Bier in die Hand. „Ich hoffe, dir ist nichts passiert."

„Wie bitte?"

„ICH HOFFE, DIR IST NICHTS PASSIERT", wiederholte Steff, der sich ganz nahe an ihr Ohr beugte und sich anstrengen musste, gegen die Musik aus den Lautsprechern anzukommen.

„Nein, ach was. Du kannst froh sein, dass ich gerade hier stand, sonst wärst du am Ende noch mit dem Kopf gegen die Mauer geknallt."

„Ja, was ein Glück", grinste er. „Cheers, ich bin Steff."

„Kati", antwortete das Mädchen. „Prost."

Kati hatte einen kräftigen Zug am Leib, stellte Steff bewundernd fest. Sie setzte ab, atmete tief aus und sah ihn freundlich an. Sie war kein Punk, ihre dunklen, fast schwarzen Haare standen zwar kreuz und quer in alle Richtungen, aber weder zierten sie Nadeln im Gesicht noch entdeckte Steff ausrasierte Stellen am Kopf und auch ihre Kleidung war zwar schwarz, aber fast schon schick und auffallend normal, zumindest für die Batschkapp. Unter Katis Mantel lugte ein T-Shirt mit dem Namen einer Band hervor, die er noch nie gehört hatte; sie trug einen kurzen Rock, der auch nicht gerade aussah, als hätte sie ihn auf dem Flohmarkt entdeckt, ihre Beine steckten in schwarzen Nylons ohne das kleinste Loch und die schwarzen Lederstiefel zierten am Schaft silberne Schnallen. Dagegen hätte nicht einmal seine Mutter etwas einwenden können.

Am meisten aber gefiel Steff Katis Gesicht. Etwas hatte sie an sich, das er auf Anhieb mochte. *Nett* war zwar nicht gerade ein Qualitätsprädikat, aber im Grunde traf es das auf den Punkt. Kati sah nett aus, immens freundlich. Wenn sie ihn mit ihren blassblauen Augen und den runden Lippen ihres Mundes anlächelte, wirkte es echt und nicht so affektiert oder arrogant, wie er das von den Mädchen in seiner Stufe kannte.

„Bist du alleine hier?", fragte Steff.

„Ja, und du?"

„Ich hab mich mit Freunden getroffen. Die sind auf der Tanzfläche."

„Kein Heiligabend mit der Familie?"

„Doch, klar. Aber irgendwann wird's zuhause langweilig, spätestens, wenn sie den Fernseher einschalten, kennst du wahrscheinlich, oder?"

Kati nickte. „So war's bei mir früher auch."

„Früher?", wollte Steff wissen. „Lebst du nicht mehr bei deinen Eltern?"

„Nein, ich wohne alleine. Schon seit einem Jahr."

„Echt? Wie alt bist du denn?"

„Zwanzig, und du?"

„Siebzehn … also fast achtzehn."

Es war das erste Mal, dass sich Steff länger mit einer älteren Frau unterhielt. Jetzt musste er versuchen, das Gespräch in Gang zu halten, allein das war leichter gedacht als getan.

„Bist du oft hier?" Die Frage erschien ihm unverfänglich, weder zu aufdringlich noch zu belanglos. Kati schüttelte den Kopf.

„Nein, nicht wirklich oft. Ab und zu komme ich zum Tanzen her."

„Warst du hier schon mal bei einem Konzert?"

„Nee, du?"

„Ja, beim Auftritt von ein paar Frankfurter Bands. Ich kenne den Schlagzeuger von Vitamin."

„Sagt mir nichts."

„Magst du keinen Punk?"

„Kommt drauf an. Nicht alles. Sag mal, wenn ich weiter so schreien muss, krieg ich morgen kein Wort mehr raus, das wäre doof. Wollen wir vielleicht noch zu mir gehen? Hast du Lust? Da ist es erheblich leiser."

Oh mein Gott, dachte Steff. Sein Puls beschleunigte sich schlagartig. Hatte ihn das gutaussehende Mädchen tatsächlich gerade zu sich nach Hause eingeladen? In die Wohnung, in der sie ganz allein lebte? In der mit Sicherheit ein warmes Bett stand oder ein Futon oder wenigstens eine große Matratze?

„Klar, gerne, können wir machen", antwortete Steff so beiläufig es die Aufregung zuließ. Hoffentlich wurde er nicht rot, obwohl, bei dem Licht würde sie es wohl kaum bemerken. „Ich hole nur noch meine Sachen und sage tschüss."

Steff kramte unter einem Haufen von Winterjacken und Mänteln die Mofakluft hervor, ging zur Tanzfläche und verabschiedete sich von seinen Freunden, die nach wie vor beim Pogo schwitzten. Er müsse leider los, er sei noch verabredet. Dabei deutete er auf Kati, die oben am Absatz stand und auf ihn wartete. Da er weder Lust auf lange Erklärungen noch auf höhnische Bemerkungen hatte, winkte er nur kurz und machte sich auf den Weg zu der Frau, zu der er jetzt nach Hause fahren würde.

„Soll ich dich mitnehmen?", fragte Kati, als sie es nach draußen in die Winternacht geschafft hatten und vor dem orangefarbenen R4 standen, den sie radikal falsch beim Supermarkt um die Ecke abgestellt hatte.

„Nicht nötig, mein Moped steht gleich vorm *Elfer*." Im Leben nicht hätte Steff zugegeben, dass er mit dem Mofa da war. Moped klang da schon viel reifer, das konnte alles bedeuten.

„Gut, dann treffen wir uns bei mir. Weißt du, wo der Ligusterweg ist? Das ist gar nicht weit von hier, auf dem Frankfurter Berg. Du fährst einfach Richtung Ami-Kaserne, und bei der ersten Ampel auf dem Berg biegst du rechts ab. Ist ganz leicht zu finden, die Gassen heißen alle nach irgendwelchen Gewächsen."

„Klar, finde ich", antwortete Steff und verabschiedete sich. Betont lässig legte er den Nierengurt an, stülpte den Helm über das gegelte Haar, schloss den Kinngurt und zog die Handschuhe über. Erst als er das typische Summen des Renault-Motors hörte und Katis Wagen um die Ecke biegen sah, trat er die Kreidler an und versuchte ihr zu folgen.

In etwa wusste er, wo Kati ihn hin lotsen wollte. Steff passierte das Bowling-Center, in dem er früher recht häufig gespielt hatte und dessen eingeschaltete Neonreklame auch heute Nacht die Umgebung erhellte, und hielt geradeaus auf den Frankfurter Berg zu. Die Nacht war mal wieder viel zu warm für Ende Dezember, aber so gab es wenigstens kein Glatteis, auf das er achten musste.

An der Ampel bog er ab und hielt nach den Straßenschildern Ausschau. Kati hatte recht, hier gab es eine Pflanze nach der anderen, auch wenn Steff nie und nimmer hätte sagen können, ob es sich dabei um Bäume, Sträucher oder Blumen handelte. Er fuhr mit Halbgas die Straße entlang und entdeckte nacheinander den Fliederweg, Lupinenweg, Schlehenweg und schließlich den Ligusterweg. Die wenigen schwachen Straßenlaternen warfen ihre Lichtkegel auf die dunklen Fenster der Häuser. Am Heiligen Abend gegen kurz vor Mitternacht war den Menschen am Frankfurter Berg allem Anschein nach nicht mehr nach Feiern zumute. In einem rechter Hand liegenden Haus strahlte ein Lichterstern die dahinter zugezogene Gardine an, und hinter einigen wenigen, nicht vollständig heruntergelassenen Rollläden im Erdgeschoss zeugte wenigstens ein leuchtender Spalt von Leben.

Katis R4 parkte etwas weiter die Straße entlang, auf der linken Seite. Das Auto stand direkt vor einem Haus, aus dessen Parterrewohnung als einziger in der Straße ein warmes, einladendes Licht den Bürgersteig beleuchtete. Steff wuchtete das Mofa gleich neben den Briefkästen auf den Ständer und ging zur Haustür. Kati hatte versäumt, ihm die Hausnummer zu nennen, doch vermutlich war er hier richtig, das Auto vor der Tür ließ keinen anderen Schluss zu. Leider war es nicht das einzige, das Kati ihm verschwiegen hatte.

Neben den Türklingeln standen vier Namen: Wagenhorst, Läumer, Schmidt und Nolte. Kati gab es keine. Die Chance, ihre Nachbarn zu wecken, stand also 3:4, keine gute Quote. Ihr konnte nur die erleuchtete Wohnung links unten gehören, also vermutlich kam einer der beiden unteren Namen in Frage: Kati Schmidt oder Kati Nolte. Nein, Kati war keine Allerweltsfrau, also hieß sie auch nicht Schmidt, sondern Nolte, schlussfolgerte Steff, ganz sicher war er sich allerdings nicht.

Es half nichts, er drängte sich durch die Hecke in den kleinen Vorgarten, hielt sich am ausgewaschenen, steinernen Fensterbrett fest und stieg auf den Vorsprung des Kellerfensters. Mit etwas Mühe zog er sich hoch, versuchte Kati zu entdecken, doch vergeblich. Steff musste das Risiko eingehen und klopfte an die Scheibe. Als sich hinter dem Fenster nichts rührte, klopfte er erneut, und da endlich erschien Kati aus dem hinteren Zimmer und sah das Augenpaar, das es gerade so schaffte, über den Fensterrahmen zu lugen.

„Fürchtet euch nicht, denn ich verkünde euch eine große Freude", sagte Steff, als sie endlich das Fenster geöffnet hatte.

„Warum klingelst du nicht einfach?", lachte Kati.

„Schmidt oder Nolte?"

„Schmidt. Hatte ich das nicht gesagt? Oh entschuldige, wie blöd."

Katis Wohnung sah ganz anders aus, als er sie sich vorgestellt hatte. Sie war tatsächlich kein Punk. In der Wohnküche zur Straße thronte ein alter Kachelofen, von dem eine bullige Wärme ausging, in der Ecke stand ein kleiner Tisch mit zwei Holzstühlen, mehr hätten daran auch keinen Platz gefunden. Die ganze linke Seite nahm ein alter Küchenschrank ein, wie ihn Steff von seiner Oma kannte. Der Oberschrank mit den vorhangbehangenen Fenstertüren saß links und rechts auf dem unteren Teil auf, den Platz dazwischen hatte Kati genutzt, um auf der Arbeitsfläche ein ganzes Arsenal an Teepackungen sowie ein Glas mit Kandiszucker zu deponieren. Am Kühlschrank hingen *Atomkraft? Nein danke!*-Aufkleber mit einer lachenden Sonne, die Erinnerung an einen Zahnarzttermin und der Aufruf zu einer Demo in Bockenheim im Januar. Auf einem Foto, das Kati genau in die Mitte der Kühlschranktür geklebt hatte, waren zwei Frauen an einem südeuropäischen Strand zu sehen. Den weißen Häusern im

Hintergrund nach zu urteilen, befanden sich die beiden in Griechenland. Die braungebrannte junge Frau mit dem gelben Bikinioberteil war zweifelsohne Kati, die Frau daneben musste ihre Mutter sein. Kati war ihr wie aus dem Gesicht geschnitten.

„Magst du ein Bier? Oder lieber einen Tee. Ich koch mir eine Kanne. Ich kann dir schwarze Johannisbeere, Kaneel, Mango und einen Rest Brombeertee anbieten."

„Schwarze Johannisbeere wäre super", antwortete Steff, woraufhin Kati den bunten Kessel mit der Vogelpfeife vom Herd schnappte und Wasser einfüllte. „Du kannst gerne schon reingehen, ich bin gleich bei dir", sagte sie und hängte das Teenetz in die erdfarbene Tonkanne, stellte sie auf ein Tablett, dazu zwei passende Teeschalen sowie das Glas mit dem Kandis.

Steff bewegte den gerafften Holzperlenvorhang zur Seite und ging durch die Tür ins dahinterliegende Zimmer. Die runde Korblampe, die in der Ecke mit dem Sofa und dem orientalischen Sitzkissen von der Decke hing, schuf ein gemütliches, beinahe magisch wirkendes Licht, allerdings verstärkten die sich bewegenden Schatten bei Steff auch die Wirkung der beiden zügig getrunkenen Biere aus der Batschkapp. Gut, dass er sich für Tee entschieden hatte.

„Hast du nur das eine Zimmer oder gibt's noch mehr?", rief er in die Küche, wo die Gasflamme langsam das Wasser im Kessel erhitzte.

„Nebenan gibt es einen zweiten, kleinen Raum, aber da stehen im Moment nur Umzugskartons. Ich bin noch nicht ganz fertig mit Ausräumen."

Gegenüber des Sofas, gleich neben dem Fenster, stand Katis Bett. Kein Futon, keine Matratze, sondern ein richtiges Bett, das breiter war als seins, aber schmaler als das seiner Eltern und über das Kati aus einem Tuch eine Art Segel gespannt hatte. Es gab nur eine große Decke, dafür mindestens ein halbes Dutzend kleinerer und größerer Kissen.

Rechts des Bettes, gleich neben der Tür, befand sich Katis Kleiderschrank, der offenstand und den Blick auf eine Kleiderstange freigab, die sich unter der Last der hängenden Kleider, Hosen, Röcke und Blusen bedenklich durchbog. Neben dem Schrank vermutete Steff einen alten Polstersessel, doch war auch dieser über und über unter Kleidungsstücken begraben.

Links des Sofas, auf dem Boden, hatte Kati ihre Stereoanlage aufgebaut. Keine billige Kompaktanlage mit zwei Fünf-Watt-Lautsprechern, die wie das Autoradio seines Vaters klangen und das wenige Geld nicht wert waren, sondern eine echte High End-Lösung einer japanischen Nobelmarke mit voneinander getrenntem Verstärker, Receiver sowie einem Kassettendeck mit zwei Schubfächern, auf denen Kati vermutlich die Tapes für ihre Freunde kopierte. Die beiden handgearbeiteten Boxen waren fast einen Meter hoch und an der Vorderseite nicht verblendet. Die darin verbauten Lautsprecher versprachen einen Klang, der Steffs eigene Anlage vermutlich alt aussehen ließ. Das Filetstück aber war der skandinavische Plattenspieler, den Kati neben der Anlage auf ein kleines Bord gestellt hatte und der ein Vermögen gekostet haben musste. Vorsichtig hob Steff den Deckel und spähte auf das Label der aufgelegten LP.

Steely Dan.

Steff hatte keine Ahnung, wer oder was das war.

„Du kannst ruhig anmachen, wenn du magst oder etwas anderes aussuchen, die Platten stehen neben der Tür", sagte Kati und lugte durch den Türrahmen.

„Steely Dan, ist das Punk?"

„Nein, das kann man nicht gerade behaupten. Aber echt gut, eher Richtung Jazz oder Jazzrock."

„Ah, okay." Nun, vielleicht besaß Kati ja auch Platten, die weniger den Geschmack seines Vaters trafen und etwas mehr Dampf hatten. Steff kniete sich vor die beachtliche Sammlung, die ohne erkennbare Ordnung in nebeneinandergereihten bunten Plastikschubern den Teppichboden plattdrückte. Die Alben links waren von den anderen etwas weggerückt und Steff nahm an, dass Kati sie zuletzt gehört hatte. Einige davon kannte er, andere besaß er sogar, die meisten sagten ihm jedoch überhaupt nichts. Weather Report, UK, The Nits. Steff hatte keine Ahnung, was sich dahinter verbarg und entschied sich für The Cure, da konnte man nichts falsch machen.

„Oh, die hab ich schon ewig nicht mehr gehört. Seit dem *Subway Song* fahr ich nicht mehr so gerne U-Bahn", sagte Kati.

„Soll ich was anderes suchen?"

„Ich hab auch Bay City Rollers und Smokie. Die müssten gleich neben meiner alten Zahnspange stehen", lachte sie. „Nein, aber vielleicht legst du ein bisschen was Ruhigeres auf. Etwas, das besser zu Heiligabend passt. Moment, darf ich mal?"

Steff rückte zur Seite, Kati kauerte sich neben ihn und roch gut. Sie neigte den Kopf und blätterte mit den Fingerspitzen durch ihre Alben, bis sie die Platte fand, die ihr vorschwebte. Hoffentlich nicht Abba.

„Kennst du wahrscheinlich nicht, ist nämlich auch kein Punk. Aber das hör ich oft, wenn ich lese oder nachdenke."

Sie packte Steely Dan in den weißen Schutzumschlag der LP, was ihr etliche Pluspunkte einbrachte, da Steff Menschen hasste, die ihre Platten einfach in den nackten Karton packten oder, noch schlimmer, schutzlos auf dem Teppichboden herumliegen ließen. Kati ging vorsichtig mit ihren Schätzen um, das passte zur hochwertigen Anlage.

Ein E-Piano erklang, waberte ganz alleine vor sich hin, dann setzte ein leises Schlagzeug ein, der Bass spielte dazu und er hörte die sanfte, ruhige Stimme des Sängers, die ihm irgendwie bekannt vorkam.

„Wer ist das?", wollte Steff wissen.

„Al Stewart. *Time Passages*. Du kennst vielleicht *Year Of The Cat*, das war auch von ihm."

Stimmt, Steff kannte das Lied und fand es ziemlich gruselig. Eine richtige Schmusemusik für Mädchen. Andererseits war das hier und jetzt, in diesem Moment, vielleicht gar nicht mal das schlechteste.

„Klingt ganz cool", sagte er. „Und stimmt, passt zu Weihnachten."

„Wir können uns ja rüber setzen, wenn du magst", sagte Kati, kam aus der Küche, stellte das Tablett auf dem kleinen Tisch vor dem Sofa ab, goss Tee in die Schalen und setzte die Kanne auf ein Stövchen, in dem das Teelicht unruhig flackerte. „Erzähl mal ein bisschen von dir, bis jetzt weiß ich nur, dass du Steff heißt und an Heiligabend mit Freunden in die Batschkapp gehst."

„Was willst du denn wissen?", fragte Steff.

„Alles", antwortete Kati. „Wo wohnst du? Gehst du noch zur Schule? In welche Stufe? Hast du eine Freundin? Alles, was wichtig ist."

„Okay ... also, ich wohne noch zu Hause bei meinen Eltern im Dichterviertel, das ist gleich hinter der Eschersheimer. Und nächstes Jahr komme ich in die Zwölfte in der Ziehenschule."

„Da war ich auch. Ich hab letztes Jahr Abi gemacht. Dann warst du drei Stufen unter mir."

„Oh Gott, wie das klingt", sagte Steff. „Drei Stufen, das sind Welten."

„Quatsch, läppische drei Jahre. Was ist das schon?", lachte Kati.

„Und du? Studierst du jetzt?"

„Nee, wollte ich nie. Ich werde Krankengymnastin, ich bin im ersten Ausbildungsjahr in einer Praxis in Eckenheim. Vielleicht mache ich später meinen eigenen Laden auf, wer weiß? Hast du schon Pläne, was du nach dem Abi machst?"

„Erst einmal gehe ich zum Bund, falls sie mich nicht ausmustern. Und dann werde ich Bauingenieur oder studiere BWL, keine Ahnung. Meinem Vater gehört eine Baufirma und er hätte gerne, dass ich bei ihm einsteige. Ich bin sein einziges Kind, also auch seine einzige Chance, dass einer das Familienunternehmen weiterführt."

„Und ist das auch dein Plan? Willst du das?"

„Weiß nicht. Bis dahin hab ich ja noch ein bisschen Zeit. Ehrlich gesagt, weiß ich nicht mal, was ein Bauingenieur macht und ob mich das überhaupt interessiert."

„Was würde dich denn interessieren?", fragte Kati und lutschte den Teelöffel ab. „Ich meine, es ist schließlich dein Leben, da musst du doch tun, was dich glücklich macht und nicht das, was sich dein Vater vorstellt."

Steff kannte Kati erst seit etwas mehr als einer Stunde, dennoch spürte sie, was ihn ihm vorging, als wären sie alte Freunde. Instinktiv hatte sie Steffs wunden Punkt getroffen, seinen Widerwillen, mit dem er sich herumschlug, seit sein Vater das erste Mal mit den Zukunftsabsichten für seinen Sohn herausgerückt war.

Nein, Steff wollte kein Bauingenieur werden, und Betriebswirtschaft interessierte ihn nicht die Bohne.

„Vielleicht Fotograf, das fände ich spannend. Pressefotograf oder eher in die Kunstecke, keine Ahnung."

„Das klingt gleich viel besser", sagte Kati. „Hast du denn eine Kamera? Fotografierst du bereits?"

„Ja, sogar viel. Meine Eltern haben mir vor ein paar Jahren eine richtig edle Mittelformatkamera geschenkt und mit dem Vergrößerungsgerät im Keller mache ich die Abzüge."

„Dann verstehe ich nicht, warum du nicht Fotograf werden solltest. Mach dein Abi und such dir eine Lehrstelle. Das ist doch ein Hammerberuf."

„Wenn's so einfach wäre. Meine Eltern sehen Fotografie nur als Hobby, das nichts bringt, brotlose Kunst, du weißt schon. Dabei fotografiert mein Vater selbst gerne, aber eben nur im Urlaub, wenn er dafür Zeit hat."

Kati ließ sich vom Sofa auf den Boden rutschen, rückte an Steff heran, goss ihm Tee nach und blieb zu seinen Füßen sitzen.

„Ich glaube, es wäre es wert, wenn du mit deinem Vater noch mal in Ruhe darüber sprechen würdest. Erzähl ihm einfach, was deine eigenen Wünsche für dein Leben sind. Du musst nur aufpassen, dass du ihn nicht gerade ansprichst, wenn er abgehetzt von der Baustelle kommt."

„Also nie", antwortete Steff. „Ist dein Vater denn mit deinen Plänen einverstanden?"

„Das weiß ich nicht", antwortete Kati. „Mein Vater ist abgehauen, als ich nicht einmal ein Jahr alt war. Er überweist zwar regelmäßig Geld an meine Mutter, aber er hat kein Interesse an seinem Kind."

„Was für ein Arsch."

Kati zuckte die Achseln und lehnte ihren Arm auf Steffs Bein. „Ach, weißt du, lieber so, als wenn sich meine Mutter ein Leben lang an einen Idioten gebunden hätte."

„Hat deine Mutter wieder geheiratet?"

„Nein, geheiratet nicht. Aber sie hat jemanden kennengelernt, der sich vor ziemlich genau einem Jahr seinen Lebenstraum erfüllt hat, und meine Mutter hat ihn dabei begleitet. Die beiden haben in Lauterbach eine uralte Bäckerei übernommen. Mitten in der Altstadt. Und jetzt backen sie dort ökologisches Zeug. Ich hätte mitziehen können, aber das wollte ich nicht. Was soll ich in Lauterbach?"

„Wo liegt Lauterbach denn?", fragte Steff, der von Geografie keine Ahnung hatte.

„Im Vogelsberg", antwortete Kati. „Nicht weit bis zur Grenze, eigentlich ganz nett da, aber nicht zu vergleichen mit Frankfurt. Ich hatte das Glück, dass eine frühere Kollegin meiner Mutter aus dieser Wohnung ausgezogen ist und wir davon erfahren haben. Ich habe sofort zugesagt, die ist nämlich richtig günstig. Die kann ich mir sogar von meinem Lehrgeld leisten. Aber, sag mal, du hast mir vorhin noch nicht geantwortet, ob du eine Freundin hast. Hast du?"

Steff schüttelte den Kopf. „Nein, und du? Gibt es jemanden?"

„Nicht mehr. Ist vorbei, er hat eine andere, und die hat er auch noch über mich kennengelernt, das musst du dir mal vorstellen. Die Freundin meiner besten Freundin ... Das heißt, jetzt nicht mehr. Na, wenigstens hat er mir davor noch die Lautsprecherboxen gebaut. Egal, aus und vorbei. Sag mal, sitzt es sich eigentlich gut da oben? Einen halben Meter über mir?" Kati zupfte an Steffs Hosenbein, und so ließ er sich neben sie auf den Teppich gleiten. Sie streichelte ihm über das Shirt und lehnte ihren Kopf an seine Brust.

„Heute ist Weihnachten, also ich meine, immer noch, oder? Dann ist es für ein Geschenk doch noch nicht zu spät."

Kati schob sich ein Stück höher, um sein Gesicht erreichen zu können und küsste Steff, dessen Herz so laut pochte, dass er das Gefühl hatte, die Schläge könnten die Nachbarn wecken. Er öffnete den Mund und spürte ihre Zunge, etwas, das er davor nur auf einer Party in einem Jugendhotel erlebt hatte, auf der Klassenfahrt im letzten Jahr. Leider war es damals bei dem einen Kuss geblieben, dann war der Stehblues auch schon wieder vorbei gewesen, und Trixi, das Mädchen aus seiner Klasse, war kommentarlos zu ihren Freundinnen verschwunden. Danach hatte sich keine weitere Gelegenheit ergeben, seine Fertigkeiten auszubauen, daher blieb Steff nur die Hoffnung auf eine gewisse angeborene Begabung. Anscheinend ging er in seinem Eifer etwas übermotiviert ans Werk, jedenfalls unterbrach ihn Kati kurz darauf und beruhigte ihn, er sei kein Kolibri, und er könne das Ganze gerne mit etwas mehr Ruhe angehen.

Steff hatte das untrügliche Gefühl, dass sie es gerne mochte, wenn auch er etwas aktiver werden würde, und nichts war ihm lieber als das, daher ließ er die leicht zitternde Hand unter Katis T-Shirt verschwinden und berührte ihre Brust. Mein Gott, so fühlte sich das also an. Wie weich sie war.

Kati seufzte und bewegte ihre Hand langsam an Steffs Oberkörper hinab. Von seiner Brust bis zur kleinen Vertiefung des Nabels und noch weiter hinunter bis zur leichten Wölbung seines Bauchs über dem Bund der Lederhose. Sie öffnete den Knopf, nein, vielmehr versuchte sie den Knopf zu öffnen. Herrje, wie eng saß das Ding denn? Unwillkürlich musste Steff lachen.

„Tut mir leid, ich habe die Hose erst zu Weihnachten bekommen. Die muss sich noch ein bisschen weiten, und das Knopfloch scheinbar auch. Warte, ich helfe dir."

Einen Al Stewart Song später lag Steff schwer atmend auf dem Rücken, neben ihm Kati, die nach der Packung auf dem Tischchen tastete und sich eine Zigarette anzündete.

„Auch eine?", fragte sie und hielt ihm die Schachtel hin.

„Nein, danke, ich rauche nicht", antwortete er und strahlte sie an. Kati, Katharina Schmidt, seinen Weihnachtsengel, der ihm gerade das schönste Geschenk überhaupt gemacht hatte.

„Es war dein erstes Mal, hab ich recht?", fragte sie und Steff nickte.

„Hat man das gemerkt?"

„Nein, nein. Aber du wirst sehen, das nächste Mal dauert es gleich ein bisschen länger."

Das nächste Mal, wie wunderbar, wie verlockend das klang. Steff drückte sich an Kati und streichelte ihre Brust. Seine Finger berührten ihre Brustwarze, strichen sanft darüber und spielten mit ihr, erst nur der Zeigefinger, dann im Wechsel kam der Mittelfinger dazu, schließlich griff auch der Ringfinger ein. Als Steff leicht mit dem Kopf zu wippen begann, legte Kati ihre Hand auf seine und beendete das Ganze.

„Du darfst mich gerne streicheln, Steff. Aber bitte nicht im Takt der Musik, echt nicht."

„Oh entschuldige, tut mir leid. Aber ich spiele Bass, und wenn ich Musik höre, kann ich nicht anders als ..."

Kati setzte sich auf.

„Du spielst Bass? Echt jetzt?"

„Ja, seit fast drei Jahren. Aber ich bin nicht so gut, vielleicht langt's für eine Punkband, da muss man nicht so viel können."

„Ich spiele Querflöte."

Kati stand auf, ging, nackt, wie sie war, zur Kommode neben ihrem Bett und holte aus der obersten Schublade einen kleinen Kasten. Sie öffnete die Schatulle und holte eine Querflöte heraus.

„Pass auf, ich spiel dir mal was vor, vielleicht hast du das schon einmal gehört."

„Jetzt?", fragte Steff. „Mitten in der Nacht?"

„Frau Nolte ist fast taub und schläft längst, und die beiden oben drüber sind über Weihnachten verreist, alles gut."

Dann stellte sie sich mitten ins Zimmer, drückte den Rücken durch, setzte das Mundstück der Flöte an die Lippen und begann, eine Melodie zu spielen, die Steff nie zuvor gehört hatte. Es klang schön, etwas Klassisches nahm er an, vielleicht ein mittelalterlicher Tanz, er wusste es nicht. Alles, was er wusste war, dass er sein Leben dafür gegeben hätte, wenn er jetzt, in diesem Augenblick, seine Kamera bei sich gehabt hätte und das Bild für immer hätte festhalten können. Kati, die wunderschöne Kati, die nackt vor ihm stand und sich zu den Klängen ihrer Querflöte hin- und her bewegte. Wenn er Glück hätte beschreiben sollen, er hätte dieses Bild beschrieben.

„Und? Erkannt?", fragte Kati, als sie fertig war.

„Nein, noch nie gehört, aber wunderschön. Was war das?" Kati hockte sich vor ihre Plattensammlung, suchte und fand ein Album und zeigte ihm das Cover mit der gnomenhaften Darstellung der Band.

Jethro Tull stand darüber, darunter der Titel der LP: *Stand Up*. Es wirkte wie eine Folkplatte oder wie Musik, die sich die Ökos zu ihren Räucherstäbchen anhörten, doch Steff war es gleich. Es war ein Album, das Kati offensichtlich liebte. Und er wiederum liebte Kati.

„Sagt dir nichts?", fragte Kati. „Ian Anderson ist der Sänger von Jethro Tull und er spielt Querflöte, und zwar ganz großartig. Was du gerade gehört hast, heißt *Bourrée* und ist eigentlich von Bach. Daraus haben sie ein irregutes Lied gemacht, und jetzt kommst du ins Spiel, hör mal."

Kati lehnte Al Stewart ungeschützt ans Regal, was Steff großzügig übersah, legte die andere Langspielplatte auf, positionierte die Nadel zwischen zwei Songs und betätigte den Lift. Die Nadel senkte sich, und aus den Lautsprechern erklang eine Querflöte. Steff erkannte das Thema, das Kati gerade noch für ihn gespielt hatte. Der Basslauf, der die Melodie begleitete, war nicht sehr schnell, aber er gab die zweite Stimme vor und war schon dadurch etwas ganz anderes als das schnelle, rhythmische Gezupfe, das Steff bislang zustande brachte.

„Hammer, oder? Kriegst du das hin? Ich meine, den Bass? Dann könnten wir das zusammen spielen."

„Klar, das übe ich, das geht bestimmt", antwortete Steff. Und wenn er danach Fingerkuppen wie Stahl hätte.

„Das finde ich super. Mein Exfreund spielte zwar Gitarre, aber der wollte nicht, der fand den Song scheiße."

Dann war er selbst wahrscheinlich auch scheiße, dachte Steff und bat Kati, das Lied noch einmal von vorne abzuspielen, damit er es sich einprägen konnte. Im Grunde klang die Melodie recht einfach, gleich morgen würde er damit beginnen. Sie bewegte den Tonarm zurück, und der Basslauf begann erneut.

„Du?" Kati kam zu ihm, kniete sich vor ihn und nahm seine Hände. „Du bist mir nicht böse, ja? Ich meine, du kannst gerne bleiben, aber ehrlich gesagt muss ich morgen ganz früh raus, ich fahre schon morgens nach Lauterbach und bleibe dort an den Feiertagen. Meine Mutter hat sich das gewünscht, sie war schon traurig genug, dass ich an Heiligabend hierbleiben wollte. Aber ... jetzt kann ich ihr ja auch einen Grund dafür sagen." Kati beugte sich vor und küsste Steff sanft auf den Mund. „Ist das okay für dich?"

„Ja klar", antwortete Steff, der insgeheim froh war, dass nicht er die Entscheidung treffen musste, zu bleiben oder heimzufahren. Seine Mutter wäre vor Angst gestorben, wenn sie morgens aufgewacht wäre und das Bett ihres Sohns unberührt vorgefunden hätte. „Ich fahre jetzt, übe die Bourlesque ..."

„Bourrée"

„... die oder das Bourrée, bis mir die Finger bluten, und dann telefonieren wir, wenn du wieder da bist."

„Klingt nach einem sehr guten Plan, Steff", sagte Kati und lächelte.

Eine Viertelstunde später mähte sich Steff mit dem Zweitaktmotor seiner Kreidler Richtung Eschersheim und summte den Basslauf des Songs vor sich hin, den er schon bald mit Kati spielen würde. Er dachte daran, wie er sie berührt und wie auch sie ihn angefasst und geführt hatte, wie sie ganz selbstverständlich vor ihm stand und auf der Querflöte für ihn spielte. Keinesfalls konnte er bis nach dem Fest warten, um sie wiederzusehen. Sobald er zuhause war, würde er sich an den hoffentlich schlafenden Eltern vorbeischleichen, aus dem Fach des Telefonregals im Flur den Autoatlas herausziehen, der seit Jahr und Tag unter dem Telefonbuch lag, ihn mit nach oben schleppen und die beste Route heraussuchen, um am morgigen Tag mit dem Mofa nach Lauterbach zu kommen. Katis Renault würde er in der Altstadt schon entdecken, er würde sie finden, ganz bestimmt, daran gab es keinen Zweifel.

Seinen Eltern, denen er versprochen hatte, sie am ersten Feiertag zu seiner Tante nach Wiesbaden zu begleiten, musste er nur erzählen, ihm sei siedend heiß eingefallen, dass er für eine Musikklausur zu lernen und dazu ein Stück von Bach zu interpretieren hätte. Dann ließe er die Eltern fahren und bräche in den Vogelsberg auf, nicht ohne einen Zettel mit der Nachricht hinterlassen zu haben, dass er nun genug gepaukt hätte, sich zur Ablenkung mit einer Freundin träfe und erst am Abend wieder zuhause wäre.

Später dann, irgendwann, würde er mit seinem Vater sprechen, ihm erzählen, dass er die Firma nicht übernehmen könne, weil aus ihm nie ein guter Bauingenieur werden würde und dass er ganz andere Ideen hätte. Pläne, die viel besser zu seinen Talenten passten, Pläne, die er leidenschaftlich verfolgen und mit denen er sicher sehr glücklich werden würde, und das wäre es doch, worauf es ankäme, das wünschten doch auch sie sich für ihn, für ihn, ihren einzigen Sohn!

Das alles und eine Menge anderer Dinge mehr gingen dem glücklichen Steff durch den Kopf, als etwa zur selben Zeit das Telefon in Katis Wohnung läutete, die bereits die Zähne geputzt hatte, auf dem Bett lag und während sie einzuschlafen versuchte an Steff dachte; diesen drei Jahre jüngeren und unglaublich netten Jungen.

Wahrscheinlich war er es, der, inzwischen zuhause angekommen, sich noch einmal meldete, um ihr eine gute Nacht zu wünschen. Sie schaltete die kleine Lampe am Nachttisch an, beugte sich zum Telefon und hob ab.

„Hallo Kati."

„Frank? Was willst du denn?" Das hatte ihr gerade noch gefehlt, dass ihr Exfreund mitten in der Weihnachtsnacht bei ihr anrief. Seit der Trennung im Oktober hatte sie nichts von ihm gehört.

„Ich muss dich sprechen, Kati. Ich ... ich habe über uns nachgedacht, und es tut mir so leid, ich habe mich wirklich wie ein Idiot benommen."

„Frank, es ist spät, und ..."

„Warte bitte, nur ganz kurz. Das ist jetzt wirklich wichtig, deswegen hör mir bitte einen Moment zu, ja? Ich weiß jetzt, dass ich einen riesigen Fehler gemacht habe, wahrscheinlich den größten Fehler in meinem Leben, und, glaub mir, wenn ich es könnte, würde ich alles rückgängig machen. Ich war so ein Arsch, und es tut mir alles unfassbar leid. Mir ist klar geworden, dass du das Beste bist, was mir je passiert ist, Kati, und dass ich dich eigentlich gar nicht verdiene, aber ich werde alles dafür tun, damit du mir wieder vertraust."

„Und wie stellst du dir das vor? Du bist mit Jacqueline zusammen."

„Nicht mehr, schon seit zwei Wochen nicht mehr. Es ging nicht, sie ist einfach nicht wie du. Nicht so ... einzigartig."

„Ach Frank ..."

„Alles, was ich will, ist eine zweite Chance, Kati. Lass es uns noch einmal miteinander probieren. Nur ein einziges Mal. Seit Tagen kann ich nicht schlafen, weil ich nur an dich denke und mich frage, wie ich das alles wieder gutmachen kann. Wenn ich dich jetzt nicht angerufen und nicht mit dir gesprochen hätte, dann ... Ich weiß auch nicht ..."

Kati sagte nichts. Sie war hundemüde und völlig durcheinander. Es war ein so schöner Abend gewesen, sie wollte nur ein bisschen tanzen, dann früh schlafen und morgen mit ihrer Mutter Weihnachten feiern. Und dann kam Steff und jetzt Frank.

„Kati, bist du noch da?"

„Ja."

„Kati ... Ich weiß, es ist spät, und es ist Weihnachten, aber ... Darf ich vielleicht vorbeikommen? Dann könnten wir über alles reden. Bitte, tu mir den Gefallen, es ist mir wichtig, sehr wichtig. Du bist mir wichtig, das Allerwichtigste in meinem Leben. Komm schon, Kati ... weil Weihnachten ist. Ich könnte in einer Viertelstunde bei dir sein. Darf ich?"

„And if young Nigel says, he's happy ... he must be happy, he must be happy, he must be happy in his world."

Making plans for Nigel, XTC 1979

MARTHA UND DIE STILLE NACHT

Noch zwei Tage bis Heiligabend. Vor einer guten Stunde hatte ich die letzten Order platziert, danach waren Brian und Judith, die Auszubildenden im ersten Lehrjahr, auf meinen Wunsch hin in der Etagenküche verschwunden, um selbstgemachten Glühwein zu erhitzen. Omar, der mir am Schreibtisch gegenüber saß und dessen Gesicht ich hinter den drei großen Monitoren nur bruchstückhaft erahnen konnte, schaltete die Bluetooth-Lautsprecher seines Laptops ein und Sekunden später schallte George Michael durch das Großraumbüro. Ausgerechnet Omar, der mit Weihnachten nun wirklich nichts am Hut hatte. Ich stieß mit dem Team auf ein überaus erfolgreiches Jahr an, bedankte mich für die zahllosen Überstunden, ihr beispielloses Engagement und wünschte allen eine erholsame Zeit, die dank der Umschläge mit den Prämien, die ich am Vormittag verteilt hatte, sicher noch eine Spur entspannter werden würde. Wir sähen uns im neuen Jahr, rief ich ihnen zu und hob den Glühweinbecher, denn bis Anfang Januar durfte sich selbst der Wertpapierhandel ein paar Tage erholen.

In ungewohnt sentimentaler Stimmung verabschiedete ich mich, stieg in den Lift, fuhr ins Erdgeschoss und warf einen Blick auf den festlich geschmückten Baum in der Lobby.

„Frohes Fest, Frau Geissinger", wünschte mir der alte Herr Peters am Empfang. Ich bedankte mich und verschwand grüßend in der Drehtür. Seit Mitte Dezember war es in Frankfurt eisigkalt geworden. Die Luft roch nach Schnee, der Wind pfiff durch die Hochhausschluchten, die Chance auf weiße Weihnachten stand gar nicht mal so schlecht.

Die Straßenbahn hielt mit beschlagenen Fenstern, durch die ein warmes, gelbliches Licht das Dunkel der Straßen erleuchtete. Ich stieg ein und musste mit einem Stehplatz vorliebnehmen. Die Zeiten, als die Menschen mit Schutzmasken in der Bahn saßen, waren leider vorbei. Daher war es unmöglich, dem Atem der dichtgedrängt stehenden Mitreisenden zu entkommen, aus dem sich schließen ließ, dass ich nicht die Einzige war, die sich für die Feiertagswoche warm getrunken hatte. Und das, obgleich ich das Weihnachtsfest von Hause aus eher nüchtern betrachtete. Was erwartete mich schon Großartiges? Die Geissingers würden wie jedes Jahr ihre familiären Traditionen aufrechterhalten, schon Emily zuliebe. An Heiligabend erwarteten wir zunächst die Ankunft von Torbens Eltern aus Norddeutschland, die sich seit dem Herbst darauf freuten, endlich ihre kleine Enkelin wiederzusehen. Beim Baumschmücken am Nachmittag würde Torbens Vater Arne ebenso einfallslos wie vorhersehbar unseren Baum kritisieren. *Schlichte Geschichte, so 'ne Großstadtfichte* würde er sagen und sich das Ganze von Ehefrau Heike bestätigen lassen.

„Nich, Heike? Is doch so?" Und Heike würde nicken und antworten: „Ja, Arne, das is wohl so." Als Nächstes brächen sie wie immer in heiseres Gelächter aus, bevor sie mit *nichts für ungut* meine Laune zu retten versuchten. Torben würde mitlachen und seinen Eltern den Spaß lassen. Und ich, ich würde mich in die Küche verziehen und hoffen, dass der Spuk bald vorbei wäre. Wenn es Emily nicht gäbe, wäre ich mit Torben irgendwo am Strand von Phuket oder in einer karibischen Bar und müsste keinen Rinderbraten mit teurem Rotwein übergießen. Rinderbraten gäbe es schon gar nicht. Doch meiner Tochter zuliebe, die dem Weihnachtsmann mit ihren leuchtenden fünfjährigen Augen schon seit Wochen entgegenfieberte, spielte ich das Spiel, so gut es ging, noch ein paar Jahre mit.

Wenige Stationen später hielt der Glühweinexpress und verabschiedete mich in die frostige Kälte. Ich wartete an der

Fußgängerampel und entdeckte auf der gegenüberliegenden Straßenseite meine Familie, die mich am Eingang des Christbaumstands bereits erwartete.

„Fröhliche Weihnachten, Martha", begrüßte mich Torben. „Endlich Urlaub, wie schön."

„Ja, wie schön", antwortete ich und küsste erst ihn, dann meine Tochter, die sich an meine Beine drückte und, zum Zeichen, dass sie auf den Arm genommen werden wollte, die Arme hochriss.

„Nimmst du mal?", bat ich Torben und gab ihm die Laptoptasche in die Hand. Ich schnappte die Kleine, hob sie hoch und setzte sie mir, einem Baby-Orang-Utan gleich, auf die Hüfte. „So mein Engel, jetzt suchen wir uns einen richtig schönen Weihnachtsbaum aus." Und damit steuerte ich auch schon auf eine dicht bewachsene Fichte zu, die in etwa die Größe hatte, die unsere Raumhöhe maximal zuließ.

„Martha? Äh, warte mal ...", rief mich Torben zurück, der seinerseits einen wahrhaftigen Bilderbuchbaum entdeckt hatte und entschlossen dessen Stamm packte. Eine Nordmanntanne, die er uns mit Entdeckerstolz präsentierte. „Was haltet ihr von so einem?"

„Auch nicht schlecht", antwortete ich und sah Emily fragend an. „Ist der schön?", wollte ich wissen. Emily nickte. „Der ist schön", sagte ich und suchte nach dem Farbband am Stamm. Es war rot.

„Lass mal sehen", sagte ich und sah mich um, doch fand ich keine Preistafel, daher unterbrach ich höflich, aber bestimmt eine Verkaufshilfe, die sich gerade im Kundengespräch befand.

„Die roten sind bei fünfundvierzig."

„Ach, das ist günstiger, als ich dachte."

„Pro Meter", fügte die Verkäuferin hinzu und begutachtete den Baum, den Torben nach wie vor mit der stoischen Ruhe einer Palastwache für uns reserviert hielt. „Der ist bestimmt drei Meter hoch, wenn nicht mehr, das wären dann hundertfünfunddreißig."

„Hundertfünfunddreißig? Gibt's da Kugeln aus Echtgold dazu?"

„Die Fichten sind billiger", beäugte mich die Verkäuferin mit abfälligem Blick. Ich könnte es mir gerne überlegen, sagte sie, ließ mich stehen und wandte sich dem finanziell vermeintlich potenteren Kunden zu. Von mir erwartete sie kein lukratives Geschäft mehr.

Kopfschüttelnd kehrten Emily und ich zu Torben zurück, wo ich ihm klarmachte, dass er den Baum gleich wieder zurückstellen konnte.

„Das ist kein Baum, das ist ein seltener Rohstoff, der aktuell zu Höchstpreisen gehandelt wird. Wo waren nochmal die Fichten?"

„Was ist ein Rohstoff?", wollte Emily wissen.

„Das ist etwas, das wir nicht brauchen und deshalb auch nicht kaufen werden. Aber keine Angst, wir finden ganz sicher einen anderen schönen Baum, der auch Opa Arne gefallen wird."

Erstaunlicherweise wirkte Torben keineswegs schockiert, als ich ihm offenbarte, was der Baum hätte kosten sollen. Klassischer Fall von Angebot und Nachfrage, meinte er lapidar, das sollte ich doch am besten wissen.

„Nennen wir es Spekulationsblase", antwortete ich. „Eine klassische Nordmanntannenhausse. Hoffentlich bleiben sie auf den Dingern sitzen. Los, wir nehmen die Fichte. Scheiß auf den Nordmann."

„Scheiße sagt man nicht", gab mir Emily zu verstehen.

„Da hast du völlig recht, mein Kind. Das hätte Mama nicht sagen sollen, tut mir leid."

Ich strich dem wohlerzogenen Kind über den Kopf und setzte Emily auf dem Boden ab, was ihr zwar nicht passte, worauf ich jedoch keine Rücksicht nehmen konnte. Die Madame war in letzter Zeit ganz schön schwer geworden. Gleich nach den Feiertagen würde ich die Zoo-Kekse im Hause Geissinger rationieren. Torben und ich nahmen Emily zwischen uns an den Händen und kehrten zu meinem Baum zurück. Doch das Prachtstück, das ich gleich beim Eintreffen ins Auge gefasst hatte, befand sich inzwischen in der Obhut eines älteren Paares. Unbeeindruckt ging ich auf die Herrschaften zu, erklärte ihnen, dass ich diesen Baum leider bereits reserviert hätte und gab ihnen zu verstehen, dass es noch viele andere vergleichbar schöne Bäume am Stand gäbe.

„Dann würde ich vorschlagen, dass Sie sich für einen der anderen schönen Bäume entscheiden, junge Frau", hielt mir der Alte entgegen und machte sich daran, die Fichte zur Kasse zu stemmen.

„Machen Sie sich doch nicht lächerlich. Was Sie da in der Hand halten, passt nie und nimmer in ihre Sozialwohnung", sagte ich und versuchte, mit der Hand an den Stamm zu gelangen.

„Was erlauben Sie sich?", mischte sich die Frau des Alten ein, als Torben dazwischenfunkte, das Ehepaar um Verzeihung bat und mich von den Greisen wegzerrte.

„Spinnst du?", fuhr ich ihn an. „Die klauen unseren Baum, und du entschuldigst dich noch dafür?"

„Das war nicht unser Baum. Das war *ein* Baum, und jetzt nehmen wir einfach einen anderen. Du hast Urlaub, Martha, entspann dich."

„Ich bin absolut tiefenentspannt", antwortete ich. „Aber bitte, von mir aus suchen wir eben eine andere schlichte Geschichtenfichte."

Gut zwei Stunden später hatten wir Emily erfolgreich ins Bett bugsiert und lagen schweigend auf dem Ecksofa. Der Baum, den wir nach vielem hin und her erstanden hatten und der zwar bei weitem nicht an meinen präferierten Kandidaten heranreichte, mit Schmuck behangen aber selbst die lästernde Verwandtschaft zufriedenstellen sollte, lehnte netzverpackt in einer Ecke des zum Bäckerweg zeigenden Balkons. Ich war völlig erledigt und schloss die Augen.

„Wann packen wir die Geschenke ein?", fragte Torben.

„Heute nicht", antwortete ich, ohne auch nur daran zu denken, die Augen wieder zu öffnen. „Morgen ist auch noch ein Tag."

„Haben wir denn alles? Oder müssen wir noch was besorgen?"

„Wenn du die Liste komplett bestellt hast, sind wir durch. Dann haben wir alles."

Wie jedes Jahr hatte ich Torben auch diesmal für die gemeinsamen Weihnachtsgeschenke abkommandiert. Er war Fotograf und konnte zwischen den, vor den Feiertagen in der Regel seltener werdenden, Shootings problemlos recherchieren, wo sich dieses oder jenes ordern ließ. Die Lieferungen bekam er direkt ins Studio geschickt, wo die Chance am größten war, Herrn Geissinger persönlich anzutreffen.

„Wenn du alles auf die Liste geschrieben hast, habe ich alles bestellt. Und dem täglich wachsenden Paketberg im Studio nach zu schließen, hat die Post auch brav geliefert."

„Emilys Karaokebox?"

„Ein Riesenpaket. Ist gestern gekommen."

„Gut", antwortete ich. Dennoch ging ich im Geiste zum wiederholten Male die Freunde und Verwandten durch, die es in unseren erlauchten Geschenkekreis geschafft hatten. Emilys Wunschzettel war dank ihres Alters noch überschaubar. Sie hatte lediglich eine Puppe gemalt, Puppenkleider

168

sowie den dazugehörigen Puppenschrank, um die neue Garderobe darin zu verstauen. Vernünftiges Kind. Außerdem wollte sie eine Glitzersonnenbrille und ein großes Buch mit Wimmelbildern, eines wie das, das sie im Kindergarten hatten und vor dem sie stundenlang liegen konnte, um immer wieder etwas Neues darauf zu entdecken.

Die Karaokebox, zu der sie bekannte Kinderlieder und Helene Fischers Hits gleichermaßen mitträllern konnte, zählte nicht zu ihren Wünschen. Da sie aber sehr gerne und recht talentiert sang, packte ich das Ding mit dazu. Sollte sie mir damit auf den Wecker gehen, beruhigte mich die Tatsache, dass ich in zehn Tagen wieder im Büro saß, wo ich meine Ruhe hatte.

Außerdem hatte ich auf Emilys Wunschzettel einen Schminktisch und ein Wohnmobil für ihre Puppe hinzugefügt, obwohl Torben zu bedenken gab, dass es für eine Fünfjährige vielleicht ein paar Geschenke zu viel wären. Reizüberflutung, davon hätte ich sicher schon gehört. Doch ich bügelte seinen Einwand ab und machte ihm klar, dass es bis zum nächsten Heiligabend schließlich ein ganzes Jahr dauern würde und Emily mit ihren Geschenken eben ein bisschen haushalten müsse.

Das einzige Geschenk, das ich selbst bestellt hatte, war Torbens neues iPhone, das letzte Woche pünktlich bei Herrn Peters am Empfang abgegeben worden war. Ich bat Judith, mir das schicke Ding in Geschenkpapier zu wickeln. Als Azubi hatte sie immer mal ein bisschen Leerlauf, und bevor sie auf ihrem Handy herumspielte, konnte sie genauso gut eins einpacken. Und wo sie schon dabei war, ließ ich sie auch gleich einen Gutschein gestalten. *Irgendwas mit Palmen drauf*, gab ich ihr als Briefing mit auf den Weg, aber da sei sie natürlich völlig frei. Hauptsache, das Ganze hätte am Ende etwas Maledivengleiches. Ich musste endlich mal wieder raus in die

Sonne, daher schenkte ich Torben einen Schnorchelkurs im Paradies. Eine Woche im *Love Resort*, wie es der Anbieter auf seiner reich bebilderten Online-Präsenz nannte. Das klang vielversprechend, zumal bei uns in dieser Hinsicht ein wenig die Luft raus war, seit wir zu dritt waren. Emily würden wir in der Zeit einfach bei Oma und Opa parken. Bisschen Nordseeluft tat der Kleinen ganz gut, und Arne und Heike wären glücklich. Eine klassische Win-Win-Situation.

Torbens Eltern schenkten wir eine Infrarotsauna, die in der Ecke von Arnes Hobbykeller, in der sich im Augenblick nur Berge an Werkzeug und leere Umzugskartons türmten, wunderbar Platz finden sollte. Heikes alten Gliedern tat die Wärme sicher gut. Anfang Januar würden sie das Teil geliefert und aufgebaut bekommen, so war es jedenfalls vereinbart. Als symbolischen Hinweis auf unser Geschenk – und damit die zwei etwas zum Auspacken hatten, was ihnen mit zunehmendem Alter mindestens so wichtig wurde wie Emily – hatte ich Torben angewiesen, ein Thermometer und zwei Saunatücher zu ordern, damit wären die beiden dann auch gut versorgt.

Für unsere Freunde gestaltete sich die Schenkerei hingegen etwas schwieriger. Früher hatten wir ihnen regelmäßig DVD-Boxen der Serien geschenkt, die wir selbst gut fanden. Seit der Erfolgswelle der Streamingdienste, denen ich zugebenermaßen satte Gewinne an der Börse zu verdanken hatte, war die Zeit der Silberlinge allerdings vorbei – und damit auch unsere sichere Bank für Geschenke. Andererseits war die Zahl der Freunde, die mit Aufmerksamkeiten der Geissingers rechnen konnten, von Jahr zu Jahr überschaubarer geworden, das erleichterte den Prozess immens.

Seb, Torbens bester Freund aus Schulzeiten, hatte seit ein paar Monaten eine neue Freundin. Eine strunzdumme Schlaftablette, die sich mit Sebs Hilfe als Influencerin versuchte, wobei ihr Einfluss sehr begrenzt war; ihr Account zählte erst eine Handvoll Follower – vorausgesetzt, dass Britta, so hieß das Geschöpf, überhaupt zählen konnte. An Britta war alles künstlich oder dämlich, und das wiederum ließ mich an Seb selbst zweifeln. Wer sich für so etwas, und sei es auch nur aus niedersten Instinkten, begeistern konnte, konnte selbst nicht ganz klar im Kopf sein.

Torben blieb meine Antipathie Britta gegenüber natürlich nicht verborgen. Ein Abend zu viert, ähnlich denen, die wir mit Seb verbrachten, als er noch mit Paola, einer ausgesprochen charismatischen und cleveren Italienerin, liiert war, war mit seinem neuen Pflänzchen undenkbar. Das würde ich nicht überleben, oder sie, je nachdem. Was Seb auch immer – außer Britta, nahm ich an – geritten hatte: Seine inkompatible Beziehung führte dazu, dass Torben sich nur noch alleine und außerhalb unserer Wohnung mit ihm traf. Und ob mein Freund seinem Freund etwas schenkte oder nicht, war seine Angelegenheit und mir egal.

Neben Seb gab es noch Torbens alte Freunde in Norddeutschland. In den ersten Jahren seiner Fotografenkarriere hatten sie zu Weihnachten limitierte und durchnummerierte Drucke mit Schwarz-Weiß-Aufnahmen von Frankfurt erhalten. Irgendwann entdeckte Torben allerdings einen Satz seiner Bilder als *Sammlerstück* bei eBay: Mindestgebot fünf Euro. Da er sich dummerweise nicht aufgeschrieben hatte, welchem dieser Bastarde er welche Nummer geschickt hatte, stellte er das Verschenken seiner Werke gänzlich ein und sendete stattdessen eine standardisierte WhatsApp-Nachricht mit einem Bild des Christbaums auf dem Römerberg. Er selbst hatte zu Weihnachten sowieso nie etwas von den Freunden aus der Heimat gehört. Wenn man einmal von Imkes Karte absah, mit der er vor Urzeiten ein kurzes Techtelmechtel hatte, die ihm vor ein paar Tagen als Festtagsgruß ein Bild ihrer Kinder mit Nikolausmützen hatte zukommen lassen und die nächsten März bereits das vierte Baby erwartete.

Was meine Freundesliste betraf, so war sie ähnlich überschaubar. Meine wenigen Freundinnen und Freunde aus früheren Zeiten hatte es auf der ganzen Welt verstreut. Eileen, mit der ich vier Semester in Edinburgh studiert hatte, wohnte mittlerweile in New York und plante, im kommenden Jahr einen ambitionierten Anwalt zu heiraten.

Annika, mit der ich aus Kindheitstagen verbunden war, sah ich nur alle Jubeljahre, da sie in einem kleinen Ort im Allgäu lebte, von dem aus sie zusammen mit einer Sportstudentin einen Online-Shop für Ski- und Wanderzubehör betrieb. Sie hatte mich zwar wiederholt zu einem Sportwochenende in Bayern eingeladen, doch war ich darauf nicht besonders erpicht. Was Sport anging, war ich die klassische Karteileiche, an der sich Frankfurts Fitnessstudios jahrein, jahraus dusselig verdienten. Extrem selten konnte ich mich zu einer Joggingrunde im Günthersburgpark aufraffen; und selbst das nur bei optimalen Wetterverhältnissen und wenn ich das Gefühl hatte, dass sich die unausweichlichen Businesslunches negativ auf meine Taille auszuwirken schienen. Wandern interessierte mich allen Trends zum Trotz nicht mal im Ansatz, beim Radfahren schwitzte ich zu sehr, und Ski- oder Snowboardfahren fand ich irgendwie Neunziger, fiel für mich also ebenfalls aus. Dennoch fasste ich jedes Jahr aufs Neue den Vorsatz, Annika zu besuchen, um in ihrer Gesellschaft ein bisschen Bergluft zu schnuppern – bislang vergeblich.

Daneben gab es noch Leo, einen alten Schulfreund, der inzwischen ein begehrter Studiomusiker in L.A. war und der mich ab und zu wissen ließ, mit welchen Größen er gerade etwas aufgenommen hatte und auf welchen Alben er zu hören war. Leo war eigentlich ein netter Kerl und ich freute mich für ihn. Dennoch bekamen weder er noch Eileen oder Annika etwas von mir geschenkt. Ich hatte das mit meinen alten Freunden beizeiten eingestellt und mit unseren neuen Freunden hatten wir die Schenkerei erst gar nicht angefangen. Die Einzige, von der ich trotz meiner diesbezüglichen Ignoranz Jahr für Jahr ein Päckchen erhielt – und das ich schon zur Adventszeit fürchtete – war Silke Neumayer.

Silke war in meiner Klasse auf einem Gymnasium in Oberursel gewesen und lebte schon seit längerer Zeit mit ihrer Familie in der Nähe von Bonn. Das letzte Mal hatten wir uns vor mehr als einem Jahrzehnt bei einem Abiturtreffen gesehen. Normalerweise vermied ich Events dieser Art, aus heute unerklärlichen Gründen war ich damals jedoch hingegangen, und seitdem stand ich offensichtlich wieder auf ihrem Geschenkeverteiler. Silke bedachte ihre Lieben am liebsten mit handgeschnitzten Wurzelfiguren oder durchsichtigen Kunststoffkugeln, in die kleine vietnamesische Kinderhände glitzerbestäubte Engel platziert hatten. Dazu legte sie eine Karte ihres verschneiten Wohnorts bei, auf die sie jedes Jahr denselben Gruß und dieselbe Botschaft schrieb: *Frohe Weihnachten, liebe Martha. Du weißt ja: Kleine Geschenke erhalten die Freundschaft.* Oder sie beenden sie qualvoll und langsam, dachte ich, das traf es wohl besser. Wie auch immer: Anfangs erntete ich mit Silkes Werkes beim Schrottwichteln der Abteilung noch viel Applaus, doch irgendwann war ich auch das leid, und nun landeten ihre Päckchen einfach ungeöffnet in der Tonne.

All das hatte zur Folge, dass wir mit den Paaren, die wir in der Geburtsvorbereitung getroffen oder über Emilys Freundinnen im Kindergarten kennengelernt hatten, von vornherein eine stillschweigende Übereinkunft trafen. Statt des unsäglichen Schenkens überflüssiger Dinge standen wir lieber gemeinsam auf dem Friedberger Platz, tranken Glühwein und wünschten uns zum Abschluss schöne Feiertage. Das genügte vollauf und kostete alle Beteiligten weitaus weniger Zeit und Nerven.

„Hast du was für deine Mutter?", unterbrach Torben meine Gedanken, während er irgendetwas auf dem Tablet las, das auf seinen Beinen lag.

„Der Pralinenladen auf der Fressgass schickt ihr einen großen Karton Bethmännchen. Die liebt sie, das weiß ich, und von der *Johann Wolfgang von Goethe Edition* kann sich selbst das Personal noch den Bauch vollschlagen.

„Du gehst nicht hin?"

„Wozu? Sie erkennt mich sowieso nicht. Sie erkennt überhaupt niemanden mehr. Das zieht mich an Weihnachten nur runter. Es genügt völlig, wenn ich zwischen den Jahren nach Bad Homburg fahre."

Ich bin nicht herzlos, ich bin nur Realistin. Die Feiertage waren bei uns so eng getaktet, dass ich Prioritäten setzen musste. Arne und Heike verstanden sich als Gäste und wollten durchgängig bespielt werden, zudem waren wir am zweiten Weihnachtstag bei Torbens Schwester Marlene in Berkersheim eingeladen. Für ihren Mann Jakob und sie hatten wir eine Küchenmaschine besorgt, die selbstständig kochte, was Marlenes sporadisch eintreffenden Essenseinladungen nur zuträglich sein konnte.

Der Nachmittag bei den beiden würde zwar kein Spaß werden, vor allem für Emily nicht, die sich ohne gleichaltrige Freunde schnell langweilte. Leider Gottes hatten Marlene und Jakob aus medizinischen Gründen keine Spielkameraden zustande gebracht; Jakobs Spermien waren ähnlich träge und phlegmatisch wie Jakob selbst. Aber gut, es war Weihnachten, und zumindest Marlene war durchaus sympathisch und umgänglich, und wie die enkelverrückten Großeltern trug auch sie unsere Emily auf Händen, daher behielten wir diese Tradition auch weiterhin bei. Und meine Mutter freute sich über ihre Bethmännchen auch nach den Feiertagen noch früh genug.

Nun, und schließlich fand sich auf unserer Liste der an Weihnachten zu verrichtenden Dinge natürlich noch die Christmesse an Heiligabend. Das alljährliche Schaulaufen ungetrübten Familienglücks, an dem auch wir teilhaben würden, schon weil Torbens Eltern sich das ausdrücklich wünschten und wir die Zeit bis zur Bescherung sowieso irgendwie überbrücken mussten. Doch der Nachmittag in der Kirche versprach keine ungetrübte Freude zu werden.

Waren Sie jemals in einer Hotelanlage auf Mallorca, den Kanaren oder einer vergleichbaren Ferieninsel, bei denen die Liegen am Pool bereits morgens durch Badetücher okkupiert wurden? Leider hatte sich das Abstecken des Bräunungsclaims mittlerweile weltweit verbreitet und in mutierter Variante seit einiger Zeit auch die Frankfurter Kirchen erreicht. Jedenfalls an Weihnachten, und da in erster Linie die Christmesse am Nachmittag, das Feiertagsevent für die heiligsten der heiligen Familien. Natürlich lagen auf den harten Holzbänken keine Strandtücher, dafür unzählige Jacken, Schals, Rucksäcke und andere Accessoires, die sich eigneten, um für die zehnköpfige Bagage die besten Plätze freizuhalten.

Dummerweise hatten es die Geissingers nicht so mit der Pünktlichkeit. Daher vertändelten wir den Heiligen Abend mit den letzten notwendigen Einkäufen, dem Aufstellen und Schmücken des Baums (der selbstredend die schlichte Großstadtfichtenbeleidigung meines Schwiegervaters über sich ergehen lassen musste, ich wusste es) sowie der Vorbereitung des abendlichen Festmahls. Üblicherweise ließ ich Torben in der Küche den Vortritt, an den Feiertagen hatte es sich aber aus mir nicht mehr erinnerlichen Gründen eingebürgert, dass ich die Oberhoheit über die Zubereitung der Speisen innehatte. Wahrscheinlich hatte ich das unbewusst so gedeichselt, damit Heike in mir die patente Hausfrau sah, die ich nun weiß Gott nicht war, und sie zwischen den Jahren beruhigt in den Zug gen Heimat steigen konnte, da sie ihren Sohn in guten Händen wusste.

Wie auch immer, jedenfalls verflog die Zeit, und als Emily lange genug gequengelt hatte, dass wir endlich losgehen sollten, packten wir unsere Mäntel, Schals und Mützen, zogen die dicken Schuhe an, und als wir alles beisammen hatten, zog das Quintett in feierlicher Stimmung Richtung Kirche.

Zugegeben, auch wir waren nicht gerade fleißige Kirchgänger. Um genau zu sein, gehörten wir zur bereits angesprochenen Kategorie, die exakt einmal im Jahr das lokale Gotteshaus aufsuchte. Aber ich komme nicht umhin zu sagen, dass es ein durchaus erhebender Anblick war, als der Abend dämmerte, die schweren Wolken dunkel am winterlichen Himmel dräuten und das vom letzten kalten Sonnenlicht angestrahlte Kreuz des weißen Turmes gülden leuchtete, als wäre es das weithin sichtbare Zeichen, wenigstens zu diesem feierlichen Anlass die Schäfchen des Viertels zusammenzurufen. Ein Ruf, dem die Nordendlämmer zahlreich folgten, jedenfalls bemerkten wir schon von weitem die Menschenmenge, die sich vor dem Eingang staute.

„Donnerlüttchen, hoffentlich kommen wir noch unter", staunte Heike.

„Bestimmt", gab ich zur Antwort. „Wir haben bis jetzt noch immer schön gesessen. Vielleicht sollten wir nur ein bisschen flotter gehen. Ach, wisst ihr was? Torben und ich laufen schon mal vor, und ihr kommt mit Emily einfach gemütlich hinterher, hm? So machen wir's", entschied ich kurzerhand, hängte mich bei Torben ein und zog ihn im Laufschritt zum Portal.

Wir hielten uns gar nicht erst mit der Begrüßung anderer Kindergarteneltern auf, sondern schlängelten uns ohne Umwege an den Wartenden vorbei. Seltsam, so voll erschien mir die Kirche gar nicht, die Bänke waren höchstens zur Hälfte besetzt. Doch kurz darauf schwante mir, was hier gespielt wurde.

„Entschuldigung, ist bei Ihnen noch frei?", fragte ich höflich eine ältere Frau, die mutterseelenalleine, jedoch umgeben von weiträumig über die Sitzbank verteilten Kleidungsstücken, inmitten einer der ersten Reihen saß.

„Nein, alles besetzt", bekam ich nächstenliebend zur Antwort.

„Besetzt?", hakte ich nach. „Außer Ihnen sehe ich aber niemanden."

„Die anderen sind noch draußen und warten auf den Rest der Familie. Tut mir leid." Und damit blickte sie wieder stoisch zum Altar, wo die ersten Kinder mit neugierigen Augen die heilige Krippe begutachteten.

Zwei Reihen weiter verfolgte ein Paar in unserem Alter eine andere Taktik. Sie hatten sich links und rechts an den Enden der Bank postiert und die Altkleidertonne zwischen ihnen ausgeleert.

„Ist da noch Platz für uns?", fragte Torben.

„Für euch beide?"

„Nein, wir sind zu fünft", sagte ich.

„Nee, sorry, fünf passen hier nicht rein. Wir sind zu zehnt. Vielleicht ist oben noch was frei", lächelte die Kirchbankhyäne, neigte sich zur Seite und legte, wie ihr Freund oder Mann oder wer auch immer da am anderen Ende saß, den ausgestreckten Arm über die Lehne, um den gemeinsamen Besitzanspruch gegenüber der sitzplatzsuchenden Gemeinde geltend zu machen.

„Fröhliche Weihnachten noch. Ihr seid echt ein bigottes Pack", fluchte ich und drehte mich weg.

„Müsst halt früher kommen", rief sie mir hinterher, was ich geflissentlich ignorierte. Dennoch war ihr Rat vielleicht nicht der schlechteste. Da sich im gesamten Kirchenschiff das gleiche Bild bot und zudem immer mehr Weihnachtsgläubige ins Innere strömten – darunter auch meine Schwiegereltern mit einem fliegenden Engelchen zwischen ihnen – fingen wir die drei noch am Eingang ab und lotsten sie auf direktem Weg zur Treppe, in der leisen Hoffnung, einen Geheimtipp erhalten zu haben.

Sehr geheim war der Tipp dann allerdings doch nicht. Auf der Empore bot sich ein ähnliches Bild wie eine Etage tiefer. Sämtliche freien Plätze wurden großflächig belagert, während die süßen Kleinen herumtobten, die ausgelegten Programmblätter zerknüllten und über die Brüstung warfen oder von den Mamas und Papas mit Zwischenmahlzeiten versorgt wurden, deren Überreste sich schon vor Beginn der Messe im Fußraum sammelten.

„Sieht schlecht aus", meinte Arne und sah sich um.

„Schlecht ist geprahlt, wenn du mich fragst", antwortete ich, und Arne nickte beipflichtend. „Was machen wir jetzt? Prügeln wir uns mit denen, oder gehen wir wieder?"

„Wir können ja oben warten, bis es begonnen hat und schauen nochmal in Ruhe, ob wirklich alles besetzt ist", riet mein Mann diplomatisch. Da niemand widersprach, war Torbens Plan angenommen, und widerwillig zog ich Emily Schal und Mantel aus.

„Lange können wir hier aber nicht stehen", flüsterte ich Torben ins Ohr. „Das schaffen deine Eltern nicht. Vielleicht kannst du dich vorne an der Seite postieren und die Lage sondieren. Sobald du unten was entdeckst, gibst du mir ein Zeichen, dann renne ich runter und werfe mich über die Plätze."

Torben nickte, als wäre er das Mitglied einer Spezialeinheit und hätte gerade seinen Einsatzbefehl erhalten. So unauffällig wie möglich schlich er sich an die Brüstung heran. Es dauerte keine Minute, und schon tippte ihn eine Frau an, er solle gefälligst zur Seite gehen, ihr Sohn könne sonst nichts sehen. Entschuldigend hob Torben die Hand und drängte sich dichter an die Mauer, wo er hoffte, nicht weiter zu stören. Ich rollte die Augen. So würde das nichts werden mit der Elitesoldatenkarriere.

Endlich griff die Organistin in die Tasten, und die Christmesse konnte beginnen. Der Pfarrer zog ein und mit ihm die komplette Besetzung der alljährlich wiederkehrenden Weihnachtsgeschichte. Ein vielleicht achtjähriger Josef ging voran, ihm folgte die etwas jüngere Maria, die noch auf dem Weg zum Stall ihr Kopftuch verlor und die lockige blonde Mähne darunter freilegte. Es folgten die Heiligen Drei Könige, wobei einer von ihnen die Orgelklänge mit coolen Dance Moves begleitete, was ihm den bösen Blick des Pfarrers einbrachte. Als die Akteure den vorgesehenen Platz erreicht hatten, verhallte die Musik. Ganz im Gegensatz zum munteren Lärm der Kindermeute auf der Empore und im Schiff darunter, die sich auch von der markanten Stimme, die aus den blechernen Lautsprechern dröhnte, nicht beeindrucken ließ. Handyspiel- und kinderkanalerprobt, wie sie waren, konnte die Kleinen ein handgemachtes Krippenspiel ohne Animationen oder Special Effects nicht mehr hinter dem Ofen, geschweige denn hinter der Kirchenbank hervorlocken. Und so balancierten sie über die Bänke, krabbelten am Boden herum und drückten ihre festtägliche Langeweile durch grunzendes Blöken und ähnliche Geräusche aus, was durch deren Erziehungsberechtigte allenfalls mit einem halbherzigen „Charlotte, bitte" oder „Leon, setz dich, ja?" kommentiert wurde.

Selbst wenn ich gewollt hätte und obgleich ich das, über die Jahre hinweg nur in Nuancen veränderte Krippenspiel, fast synchron hätte mitsprechen können, wäre es mir ob des Geräuschpegels unmöglich gewesen, dem Geschehen zu folgen. Ich saß da, sah mich um und spürte, wie meine Betriebstemperatur langsam, aber bedrohlich anstieg. Und nur weil die zwei Monster nicht wissen konnten, was passierte, wenn Martha Geissinger überhitzte, bearbeiteten sie unvorsichtigerweise die Tasten der aus mir nicht bekannten Gründen momentan verwaisten Orgel und begleiteten die Rede des Pfarrers mit einer ebenso atonalen wie lautstarken Eigenkomposition.

„Hey, geht's noch? Finger weg, verstanden?", fauchte ich das Duo an, woraufhin mir der zuständige Vater, der das niedliche Musizieren bis zu diesem Zeitpunkt mit dem Handy für seinen Social Media Account gefilmt hatte, zurückfauchte: „Du hast meinen Kindern gar nichts zu sagen, halt dich da raus."

Die bei mir umgehend einsetzende Schnappatmung führte dazu, dass ich wutentbrannt mein braves Kind auf den Arm ihres Opas bugsierte, aufstand und nur Torbens schrillem Pfiff und seiner wild gestikulierenden Hand, die mit dem Finger nach unten deutete, war es zu verdanken, dass ich mich nicht mehr um dieses bärtige Nordendgewächs kümmern konnte, sondern sämtliche Kleidungsstücke packte, die ich in der Eile greifen konnte, und aufsprang.

„Für dich immer noch Sie, du schwanzloser Lurch", zischte ich ihn im Vorbeilaufen an, wohlwissend dass der Typ weder die Eier noch das Hirn gehabt hätte, dem irgendetwas entgegenzusetzen. Ich nahm mehrere Stufen auf einmal, drückte mich durch diverse Stehgäste hindurch und blickte nach oben, suchte Torben und wartete auf seinen Fingerzeig, der mich zu den freien Plätzen geleiten sollte. Torben deutete nach rechts, ich folgte dem Zeichen, suchte und fand eine halbe Reihe, die in der Tat nicht besetzt war.

„Entschuldigung?", hörte ich es hinter mir, dann drängte sich ein Paar mit einem dreirädrigen Kinderwagen an mir vorbei, ließ das Ding mitten im Gang und mir im Weg stehen, was ihnen wertvolle Sekunden einbrachte, bevor die zwei mitsamt Sohnemann, dafür ohne mit der Wimper zu zucken, die Bank okkupierten. Die Bank, die für mich vorgesehen war.

„Sorry, aber das waren unsere Plätze. Wenn ihr dann bitte ...", sagte ich und deutete den beiden an, sich aus dem Weg zu machen.

„Die Bank war frei", zickte mich der weibliche Teil des Trios an.

„War sie nicht, seht ihr?" Und damit warf ich Emilys Mantel und ihren Schal auf die Plätze zwischen sie und meinen eigenen Mantel schleuderte ich gleich hinterher. „Die war besetzt, und jetzt steht bitte auf, bevor es unchristlich wird."

„Den Teufel werden wir tun", mischte sich der Kindsvater ein. „Wer nicht kommt zur rechten Zeit, ..."

„Okay, okay, verstehe. Hundert Euro, wenn ihr die Plätze räumt. Wir sind zu fünft, und meine Schwiegereltern kommen extra aus Norddeutschland, um ..."

„Pssssst", raunte es da von allen Seiten, und erst jetzt bemerkte ich, dass nicht nur die Augen der versammelten Gemeinde auf mich gerichtet waren. Auch der Pfarrer hatte aufgehört zu reden und wartete, verärgert auf mich blickend, dass endlich wieder Ruhe einkehrte.

Einen Moment lang überlegte ich, ob ich aus der Veranstaltung nicht vielleicht lieber eine Podiumsdiskussion machen sollte, um ein bisschen über Themen wie Nächstenliebe, das Teilen von Dingen, das Miteinander statt Gegeneinander oder die Hilfe zu reden, die du deinem Nächsten angedeihen lassen sollst. Dann aber entdeckte ich beim Ausgang meine Familie: meine Schwiegereltern, die einen Aufruhr wie diesen in ihrer kleinen norddeutschen Gemeinde sicher noch nie erlebt hatten, Torben, der mich zu sich winkte, sowie Emily, die auf dem Arm ihres Vaters saß und das Theater gespannt verfolgte und auch nach dieser unwürdigen Feier noch in den Gemeindekindergarten gehen wollte. Und so blieb mir nichts anderes übrig, als die Hand auszustrecken, meine Klamotten entgegenzunehmen und wortlos das Feld zu räumen.

Den Blicken nach zu urteilen, die gespannt meinen Abgang verfolgten, hatte ich wohl verloren. Ich war noch nicht am Ende des Kirchenschiffs angelangt, als der Pfarrer die Gemeinde bat, sich zu erheben, um gemeinsam *Oh, du Fröhliche* anzustimmen.

„Wir gehen", sagte ich vor Wut platzend, als ich meine Familie erreicht hatte. Ohne zu warten, eilte ich Richtung Ausgang. Bloß raus, bloß weg von diesem Pack. Dann jedoch, als ich bereits an der Pforte stand und kurz innehielt, um auf die anderen zu warten, hatte ich eine Eingebung in Form eines kleinen roten Kastens, der sich gleich neben mir an der Wand offenbarte. Wenn wir schon nicht erwünscht waren, sollten die anderen wenigstens auch keinen Spaß haben. Von wegen stille Nacht.

Ich ließ Torben, Emily und meine Schwiegereltern passieren, dann rammte ich mit dem Ellbogen das Glas entzwei und löste den Alarm aus. Ohne Eile und ohne mich umzusehen, ging ich nach draußen, während die schrille Feuerglocke ertönte und in der Kirche das Geschrei losging.

„Was ist das?", fragte Heike, als ich zu ihnen stieß.

„Da ist was überhitzt oder eine Sicherung durchgebrannt", antwortete ich. „Wir sollten besser gehen, bevor uns die Meute überrennt."

Es war mir egal, dass mich ein paar Leute beobachtet hatten und hinter mir her zu schreien begannen, während wir den Rückzug antraten. Sollten sie sich doch eine andere Herberge suchen, diesen Stall mussten sie jetzt jedenfalls räumen, vorausgesetzt, sie konnten ihre Gören von der Orgel loseisen.

Wir waren noch nicht am Friedberger Platz, als wir schon die Sirenen der Löschzüge hörten, die in beachtlicher Geschwindigkeit aus Eckenheim angerast kamen und das Gotteshaus in wenigen Augenblicken erreicht haben würden. Noch immer war ich bis in die Haarspitzen geladen, als mich Torben leise fragte, ob ich etwas mit dem Alarm zu tun hätte.

„Das war der Arm Gottes", antwortete ich und verschwand in unserer Haustür. „Er wollte wohl die Pharisäer aus seinem Haus werfen."

Etwa zwei Stunden später saßen wir gemütlich am Esstisch, nur Emily spielte auf dem Fußboden mit ihrer neuen Puppe und hatte sie bereits unzählige Male umgezogen, als das Telefon läutete.

„Ich gehe schon", sagte Torben, stand auf und lief in den Flur.

„Noch bisschen Rotkraut?", fragte ich meinen Schwiegervater, der von Haus aus einen guten Appetit hatte und einen Nachschlag nur selten ablehnte.

„Martha, kommst du mal bitte?", hörte ich Torben, der den Kopf zur Tür hereinsteckte und mit der Hand den Lautsprecher des Telefons zuhielt.

„Wer ist es denn?", fragte ich zurück und schippte das Kraut auf Arnes Teller.

„Komm doch einfach mal", bedrängte mich mein Mann, woraufhin ich meinem Schwiegervater den Löffel in die Hand drückte und ihn aufforderte, sich selbst zu bedienen, ich sei gleich wieder da.

„Polizei", flüsterte Torben und reichte mir das Telefon. Der Mann am anderen Ende kam sofort zur Sache und erklärte mir klipp und klar, dass ich dabei beobachtet worden war, wie ich am späten Nachmittag in der Christmesse den Feueralarm ausgelöst und dadurch grundlos den Einsatz der Löschkräfte in Gang gesetzt hätte und dass ich bitte morgen früh zur Befragung ins Revier kommen solle. Eine Anzeige wäre allerdings unausweichlich, auch wenn Weihnachten sei, meinte der Beamte und wünschte mir trotz allem einen guten Abend.

Wahrscheinlich irgendeine Kindergartenmutti, die mich erkannt hat, dachte ich und ärgerte mich maßlos. Über die Mutti und über meine Unbeherrschtheit. Andererseits war es das wert gewesen, und das bisschen Geldstrafe würde ich aus der Portokasse zahlen, dafür musste ich nicht mal Aktien verkaufen.

Ich kehrte ins Wohnzimmer zurück, wiegelte Torbens Nachfragen kurzerhand ab und widmete mich wieder dem Festtagsbraten.

„Alles gut", sagte ich. „Erzähl ich dir später."

Doch keine fünf Minuten darauf läutete erneut das Telefon.

„Meine Güte, kennen die keinen Heiligabend?", maulte ich.

„Wenn's nochmal das Revier ist, sag ihnen, ich gebe alles zu, und die Angelegenheit hätte ja wohl bis morgen Zeit."

„Welches Revier?", fragte Heike. „Was will denn die Polizei von dir?"

„Gar nichts", antwortete ich. „Die wollten nur was wissen."

Erneut erschien Torbens Kopf in der Tür und winkte mich zu sich.

„Nee, echt jetzt, Torben. Ich würde wirklich gerne mal ..."

„Ist wichtig, Martha. Komm bitte mal."

Genervt stand ich auf, verließ das Wohnzimmer und hörte Torben nur *Bad Homburg* sagen. Bad Homburg? Was wollten die denn?

Zehn Minuten später saß ich auf unserem Bett und stierte vor mich hin, als Torben hereinkam und sich zu mir setzte. Ich konnte nicht weinen, obwohl mir das erste Mal seit Jahren danach war.

„Der Pfleger hatte ihr nach dem Mittagessen noch die Bethmännchen gebracht. Sie hatte sich gefreut, und weißt du, was sie sagte?"

Ich sah Torben an.

„Sie fragte nach mir. Heute wäre doch Heiligabend. Verstehst du? Sie hat nach ihrer Tochter gefragt. Und sogar nach Emily. Ob ihr Enkelkind sie denn nicht besuchen käme."

Da endlich liefen mir die Tränen. Torben nahm mich in den Arm und drückte mich an sich.

„Torben, sie hat mich seit Jahren nicht mehr erkannt. Sie wusste überhaupt nicht mehr, wer ich war. Und Emily kennt sie nur von Bildern. Kannte sie ..."

Ich begann zu schluchzen, bis mein Körper bebte und in die Stille des Moments die fröhliche Stimme unserer Tochter Emily hineinplatzte. Sie hatte die Karaokebox entdeckt und sang aus vollem Hals mit: *Lasst uns froh und munter sein.*

DAS WEIHNACHTSSPIEL

Fröstelnd klappte die Frau den Kragen hoch. War keine so gute Idee gewesen, sich ausgerechnet in die zugige Schlucht zwischen der Ostzeile und dem Kunstverein zu postieren. Andererseits war der Platz durchaus bewusst gewählt, denn das Gedränge war hier nicht ganz so schlimm wie weiter unten am Römerberg, der sich bereits jetzt, um diese frühe Stunde füllte. Sich direkt vor den Römer oder in die Nähe des Justitiabrunnens zu stellen, war von vornherein keine Option gewesen. Die Frau mochte keine Menschenmengen, deshalb hatte sie auch schon seit Jahren keine großen Konzerte mehr besucht. Den Grund für das beklemmende Gefühl, das sie im Gedränge ereilte, kannte sie nicht, von ihrer Körpergröße konnte es zumindest nicht herrühren, denn sie maß eins-zweiundsiebzig und war in der Lage, den meisten Menschen auf Augenhöhe zu begegnen. Auch hatte sie keine Erinnerung daran, wann sie das erste Mal Platzangst verspürt hatte, die, wie sie ein Arzt aufklärte, den sie eigens dazu konsultiert hatte, natürlich nicht die Angst vor zu viel Platz war, sondern, im Gegenteil, die Angst vor Enge; der Name führte in die Irre, und man konnte Klaustrophobie und Agoraphobie schnell miteinander verwechseln. Jedenfalls mied sie tunlichst größere Menschenansammlungen, wann immer es sich einrichten ließ, und von wenigen anderen Ausnahmen abgesehen, war das große Geläut am Heiligabend eine der wenigen Veranstaltungen, an denen sie trotz ihrer Phobie weiterhin teilnahm.

Der eisige Wind pfiff ihr mit arktischer Wucht in den Rücken, und sie fror bereits jetzt, dabei war es erst halb fünf. Sie sah sich um. Der attraktive Mann, der in einer expeditionsgeeigneten Daunenjacke neben ihr stand, lächelte sie unverhohlen an. Sie lächelte zurück.

„Sag mal ... kennen wir uns?", fragte er.

„Kommt mir auch so vor", antwortete die Frau. „Ich wüsste jedoch nicht, woher."

„Vielleicht habe ich dich irgendwann nach einer ausgeuferten Studentenparty abgeschleppt oder wir haben in Südfrankreich Seite an Seite an einem menschenleeren Strand gelegen."

„Daran sollte ich mich eigentlich erinnern", schmunzelte die Frau. „Wobei ... wenn die Studentenparty wirklich so exzessiv war, wie du behauptest, könnte ich dafür natürlich nicht garantieren."

„Die Party, an die ich mich nur verschwommen erinnere, war definitiv exzessiv, das kann ich dir versichern. Ich heiße Mats."

„Mats wie Hummels?"

„Ja, wobei Hummels besser Fußball spielt als ich. Dafür habe ich die älteren Namensrechte. Ich bin etwa zehn Jahre älter als er."

„So alt? Ich hätte dich jünger geschätzt."

„Freut mich zu hören. Vor allem, da meine Frau vor einigen Wochen eine lichte Stelle an meinem Hinterkopf entdeckt hat. Das war erschütternd."

„Vermutlich leitet sich erschütternd von schütter ab."

„Interessante These, die man bei Gelegenheit überprüfen müsste. Wie heißt du übrigens?"

„Jana."

„Ist dir das schon mal aufgefallen, Jana? Wenn man die Silben deines Namens umdreht, ergibt das naja. Meinst du, deine Eltern fanden dich als Baby eher so naja, wollten es dir aber nicht direkt ins Gesicht sagen und haben sich stattdessen für ein Wortspiel entschieden?"

„Um ehrlich zu sein, kann ich mir das nicht vorstellen", antwortete Jana. „Im Gegensatz zu mir mögen meine Eltern keine Spiele. Immerhin weiß ich, dass der Name die Entscheidung meiner Mutter war. Ich fürchte, dass sie sich durch die Romanfigur einer Autorin südenglischer Liebesromane oder eine tschechische Wintersportlerin inspirieren ließ. Meine Mutter liebt Wintersport. Tatsächlich habe ich sie nie nach dem Grund ihrer Namenswahl gefragt."

„Das solltest du auf jeden Fall nachholen. Vielleicht lüftet sich auf diese Weise ein langgehütetes Familiengeheimnis, und deine Mutter gibt sich als Kammerzofe einer tschechischen Gräfin zu erkennen, deren leibliche Tochter du in Wirklichkeit bist. Könnte doch sein, dass sich die Gräfin auf Grund der Kriegswirren schweren Herzens entschied, ihr Baby in die Obhut der getreuen Zofe zu geben, mit der Bitte, dich an einem behüteten Ort in Sicherheit zu bringen. Und eigentlich gehört dir irgendwo in der Nähe von Prag ein Schloss?"

„Klingt plausibel. Ich sollte meine Mutter beizeiten darauf ansprechen. Auch wenn es neunzehnhundertzweiundachtzig in der damaligen Tschechoslowakei meines Wissen nach weder Krieg noch damit verbundene Wirren gab. Oder mir ist etwas durchgerutscht."

„Vermutlich hast du recht. Dann wohl doch die Langläuferin."

Jana trat von einem Fuß auf den anderen, als wollte sie mit ihren durchgefrorenen Zehen ein wohlig wärmendes Feuer austreten. Ein bis zwei Grad plus hatten sie für den Heiligen Abend in Frankfurt vorausgesagt, der sibirische Wind, der unablässig durch die neue Altstadt fegte, verwandelte die Temperatur jedoch gnadenlos in zweistellige Minusgrade.

„Ist dir kalt?", fragte Mats und Jana bemerkte seine fröhlichen Augen. Dafür mussten die kleinen, dünnen Linien in der Haut verantwortlich sein, die einem Strahlenkranz gleich links und rechts der Augen erschienen, sobald er sie anlächelte.

„Mehr als das. Mir ist schweinekalt."

„Zufällig habe ich eine Thermoskanne Glühwein und zwei Becher dabei. Magst du?"

„Und woher weiß ich, dass du keine K.O.-Tropfen hineingetan hast?

„Stimmt, das wäre möglich", antwortete Mats und schraubte den Deckel der Flasche auf. „Das ist eben das Risiko, das du eingehen musst. Vielleicht sackst du, nachdem du den Glühwein getrunken hast, zusammen, was mir die Möglichkeit eröffnen würde, dich durch die Menschenmenge in die Nikolaikirche zu schleppen, wo ich dich ungefragt in einer der letzten Bänke vernaschen könnte."

Er reichte Jana einen dampfenden Becher. Sie nahm ihn dankbar entgegen und merkte sogleich, wie durch die Wärme des heißen Weins, der ungemein gut nach Zimt und Nelke duftete, das Leben in die steifgefrorenen Hände zurückkehrte.

„Ich sollte warten, bis du den ersten Schluck genommen hast", sagte sie und pustete vorsichtig in den Becher.

„Aha, um dann meinen Plan zu klauen, was?"

„Ich fürchte, ich würde dich nicht über die Schulter legen können."

„Aber mich an den Füßen über den Römerberg schleifen, das könntest du schon."

„Es käme auf den Versuch an. Zum Wohl Mats, auf Weihnachten!", sagte Jana und trank mit Bedacht, um sich nicht den Mund zu verbrennen.

„Auf Weihnachten!", antwortete Mats und nahm einen Schluck.

„Glaubst du eigentlich an Zufälle?", wollte Jana wissen.

„Zufälligerweise ja, wieso?"

„Nun, nehmen wir mal die Tatsache, dass wir uns hier und heute gegenüberstehen, frieren und Glühwein trinken, denkst du, das zum Beispiel ist ein Zufall?"

„Nein, das denke ich in dem Fall nicht. Ich vermute, das sollte einfach so sein."

„Du meinst, irgendjemand oder irgendetwas hat unsere Begegnung von langer Hand geplant?"

„Ich vermute dahinter eher eine Art Weihnachtsmärchen."

„Sieh an, so romantisch hätte ich dich gar nicht eingeschätzt. Bist du am Ende ein verkappter Hugh Grant?"

„Hugh wer?"

„Ach komm, jetzt tu nicht so, Mats. Jeder kennt Hugh Grant und jeder hat schon Filme mit ihm gesehen."

„Oder sehen müssen", antwortete Mats.

„Du erinnerst dich ganz sicher an seinen Tanz als Prime Minister in diesem Weihnachtsfilm."

„Du meinst diesen hier?" Mats hob die Arme zur Seite und bewegte sich, die Füße abwechselnd nach innen und außen drehend, nach links. Dann stand er in den Knien federnd vor Jana, deutete mit dem ausgestreckten Finger auf jemanden in der Menge, drehte sich, folgte dabei dem Finger mit dem Blick, bis er wieder bei Jana landete, die kopfschüttelnd vor ihm stand, lachte und zustimmend nickte. „Genau den."

„Nein", sagte Mats todernst. „An den erinnere ich mich nicht."

„Du bist lustig", antwortete Jana.

„Komisch", antwortete Mats. „Ich meine ... komisch, das höre ich öfters."

„Dann wird was dran sein. Bekomme ich noch einen Schluck?"

„Hast du keine Angst, dass du danach auch so tanzt wie ich?"

„Das Risiko gehe ich ein."

Mats goss nach. Inzwischen hatte sich der Römerberg weiter gefüllt und durch die funkelnden Lichter des Weihnachtsbaums, die angestrahlten alten Gemäuer und die einsetzende Dunkelheit, die das feierliche Geschehen in ein winterlich blaues Licht tauchte, wirkte die Umgebung wie das Innere einer Schneekugel, die man für ein perfektes Wintermotiv nur zu schütteln brauchte. Allein, wie an Weihnachten gemeinhin üblich, war auf beiden Seiten des Mains weit und breit keine einzige Schneeflocke in Sicht. Und es waren nur noch wenige Minuten, dann würden die fünfzig Glocken der Frankfurter Innenstadtkirchen mit der festlichen Einstimmung auf den Heiligen Abend beginnen.

Auch um Jana und Mats wurde es zunehmend voller. Immer mehr Menschen drängten in die Altstadt, um einen der begehrten Plätze zu ergattern, von denen aus man möglichst viele der zehn Kirchen hören konnte. Jana merkte, wie ihr die Nähe der Menschen von Minute zu Minute unangenehmer wurde. Sie rückte von den Leuten ab, um sich etwas mehr Freiraum zu verschaffen, gerade so, als wollte sie einen unsichtbaren Schutzwall um sich errichten.

„Was ist?", frage Mats, dem Janas Unruhe nicht verborgen blieb.

„Ach nichts, nur die dämliche Klaustrophobie."

„Die Angst vor Männern, die Klaus heißen."

Wieder musste Jana loslachen. Es tat gut, Mats neben sich zu wissen. Seine Leichtigkeit gab ihr ein Gefühl von Sicherheit, durch das sie sich trotz der vielen Menschen wieder entspannen konnte.

„Du kannst nie wirklich ernst sein, oder?"

„Wäre es dir denn lieber, wenn ich Ernst wäre? Was hast du gegen Mats? Mats ist die schöne und in Skandinavien sehr geläufige Kurzform von Matthias. Viele Männer wären froh, wenn sie noch Mats hießen. So wie früher, als sie klein waren und die meisten von ihnen Mats genannt wurden. Hosen-mats. Ein Jammer, das aus ihnen dann Rüdiger, Horst-Günther, Achim oder Volkmar wurden. Oder Ernst."

„Es ist schön hier mit dir", sagte Jana und sah ihn lächelnd an.

„Das will ich hoffen", antwortete Mats. Er betrachtete sie und ihm fiel auf, wie ausnehmend hübsch Jana war. Die vierzig Jahre sah man ihr nicht an, sie wirkte gut und gerne zehn Jahre jünger. Wobei sie nichts dafür tat oder irgendwie nachhalf. Nichts an ihr wirkte zurechtgemacht, nur der schmale dunkle Strich unter den Lapislazuli gleichen Augen deuteten vage ein dezentes Make-Up an. Mehr benötigte Jana nicht. Sie musste nichts korrigieren oder betonen, nein, an Jana war alles natürlich schön, so wie es war.

„Ist irgendwas?", fragte sie, der sein bewundernder Blick nicht entgangen war.

„Nein, alles gut. Komm, wir bewegen uns aus dem Gedränge heraus. Die Glocken hören wir überall."

„Wenn es dir nichts ausmacht", antwortete Jana. Mats gab ihr ein Zeichen zu folgen und bog in die Seitengasse der neuen Altstadt, die zum Friedrich-Stoltze-Brunnen führte. Unweit eines kleinen Eckcafés fanden sie einen Platz, den die Menschen ohne stehenzubleiben passierten.

„Besser so?"

„Wunderbar", antwortete Jana. „Lass uns hierbleiben."

„Bist du eigentlich verheiratet?", fragte Mats und Jana nickte.

„Glücklich?"

„Sehr. Und du?"

„Ja, ist okay. Wie eine Zwangsehe okay sein kann. Wir wurden einander versprochen, da lagen wir noch in Windeln. Ihre Eltern mussten zwei Kamele springenlassen, damit mein

Vater sein Einverständnis gab. Die grasen jetzt im Hintertaunus, also die Kamele."

„Aha."

„Mehr hast du dazu nicht zu sagen? Wo bleibt die weibliche Empathie? Bedauerst du mich kein bisschen?"

„Ist sie hübsch?"

„Sie schielt, stottert und hat Haare auf der Brust. Also nicht nur ein paar, sondern richtige Büschel. Aber ihre Zähne sind robust. Ab und zu hilft sie mir beim Bierflaschen öffnen."

Jana schüttelte den Kopf und lachte, dass ihr die Tränen liefen. Was für ein Mann. Unglaublich, aber auch unglaublich liebenswert.

In diesem Moment setzten die Glocken ein. Eine nach der anderen erklang, leise und zaghaft zunächst und dadurch schwer zu orten, es konnte die Paulskirche sein, genauso gut aber die Nikolaikirche, die ihrem Standpunkt, abgesehen vom Dom, dessen Turm sich hinter ihnen in den dunklen Himmel erhob, am nächsten lag. Nach und nach stimmten die anderen Kirchen in das Geläut mit ein, und Mats und Jana schwiegen und lauschten ihrem Klang. Das unvergleichliche Gefühl von Weihnachten lag in der Luft, und die Menschen standen beieinander und wünschten sich ein frohes Fest. Als zu guter Letzt die größte Glocke von allen, die viele Tonnen schwere Gloriosa des Doms mit ihrem tiefen und warm dröhnenden Ton einstimmte, drehte sich Jana zu Mats und sah ihn glücklich an.

„Frohe Weihnachten, Mats."

„Frohe Weihnachten, Jana." Dann nahm er sie in die Arme und küsste sie. Einen Moment lang schien die Welt um sie herum stillzustehen. Eng umschlungen standen sie mitten in Frankfurt, umgeben von Tausenden von Menschen und schwiegen. Sie sogen die entspannte und fröhliche Stimmung in sich ein, die staunenden Blicke der Kinder, das Knallen der Sektflaschen, mit denen die Leute auf das Fest anstießen. Dann fegte eine weitere eiskalte Böe über sie hinweg, als hätte sie nichts anderes im Sinn, als mit aller Macht den Zauber des Moments zu stören, und trotz der wohltuenden Wärme des Mannes, der Jana nun schon minutenlang umschlungen hielt, begann sie abermals zu zittern.

„Ist dir kalt?"

„Ich habe eiskalte Füße, und der Glühwein ist alle, oder?"

„Ich fürchte."

„Hm. Und jetzt?"

„Die klassische Frage."

„Du meinst ..."

„Zu mir oder zu dir?"

„Aber wir kennen uns doch kaum."

„Das kann man so oder so sehen."

„Und deine Frau? Wo ist sie überhaupt?"

„Ich schätze, sie sitzt zuhause, trällert *Last Christmas* und öffnet Bierflaschen. Wir erwarten heute Abend Gäste. Und dein Mann?"

„Ist bestimmt schon leicht angetrunken, ist ja schon dunkel."

Unvermittelt löste sich Jana von Mats, öffnete hektisch ihre Handtasche und wühlte darin herum. Das *YMCA*, das Jana als Klingelton nutzte und auf volle Lautstärke eingestellt hatte, wollte so gar nicht zu den feierlichen Glockenklängen passen. Endlose Sekunden später, als Jana längst die Blicke der sich gestört fühlenden Leute auf sich gezogen hatte, entdeckte sie in den Tiefen ihrer Tasche das Telefon und nahm den Anruf entgegen.

Mit der freien Hand hielt sie sich das Ohr zu, um überhaupt etwas zu verstehen, und um sich konzentrieren zu können, schloss sie die Augen. Nicht lange, dann legte Jana auf.

„Und?", fragte Mats.

„Es waren deine Eltern. Die Kinderchristmesse ist vorbei. Sie machen sich jetzt fertig und laufen los. Max ist mächtig aufgeregt."

„Alles andere hätte mich gewundert", antwortete Mats. „Na dann."

„Na dann", sagte Jana. „Wir sind sowieso vor ihnen da." Mats dreht die Thermosflasche fest zu, schüttelte die letzten Tropfen aus den Bechern und packte alles in den Rucksack.

„Mats?"

„Jana?"

„Es war schön, dich heute wieder neu kennenzulernen."

„Die Freude war ganz meinerseits", antwortete Mats und küsste sie. „Ich würde vorschlagen, wir wiederholen das ab jetzt jedes Jahr, was meinst du?"

„Gute Idee", sagte Jana und hängte sie sich bei ihm ein. Sie gingen los und schlenderten durch die kleine Gasse Richtung Dom.

„Mats?", fragte Jana, als sie beinahe außer Hörweite waren. „Schielen, stottern, Brusthaare ... du hast sie ja nicht mehr alle." Dann knuffte sie ihn in die Seite und die beiden verschwanden in der Menge der heimwärts, zur Bescherung ziehenden Menschen.

Ein kurzes Dankeschön

Weihnachten ist ein Fest, das unterschiedlichste Emotionen hervorruft. Man liebt es oder hasst es, man freut sich darauf wie ein Kind oder ist froh, wenn es endlich vorüber ist. Die einen sind glücklich, die Familie um sich herum zu versammeln, die anderen fürchten genau das. Wieder andere haben überhaupt niemanden, mit dem sie feiern könnten und werden sich dieser Tatsache jedes Jahr aufs Neue bewusst. Weihnachten bedeutet puren Stress oder entspannte Ruhe – oder erst das eine, dann das andere.

Anders als so wunderbare Autoren wie Heinrich Böll, Loriot oder auch Robert Gernhardt, die das Fest der Feste zum Anlass genommen haben, um großartige Satiren zu verfassen, war mir von Anfang an klar, dass ich mit diesem Buch meine Komfortzone verlassen und nach zwei satirischen Romanen und einer Sammlung satirischer Short Storys erstmals auch nachdenklichere, ernsthaftere Geschichten schreiben wollte, da mir das Fest trotz aller Kommerzialisierung sehr wichtig ist. In dieser Hinsicht bin ich ein echter Traditionalist.

Als ich meinem Verleger Gerd Fischer davon erzählte, musste ich damit rechnen, dass er das Ganze eher skeptisch betrachten würde. Umso mehr möchte ich mich bei ihm bedanken, dass er ohne zu zögern bereit war, diesen Schritt mit mir zu gehen und das Buch zu verlegen. Ich hoffe, dir deinen Vertrauensvorschuss mit aberwitzigen Verkaufszahlen zurückzahlen zu können.

Von ganzem Herzen danke ich natürlich auch wieder dir, liebe Sabine. Wie bei allen Büchern zuvor hast du mich von Anfang an unterstützt und bei sämtlichen Geschichten als meine wichtigste Jurorin fungiert. Das war diesmal umso wichtiger, da ich mich auf unbekanntem Terrain bewegt habe. Wärst du mir nicht gefolgt, hätte ich mich nicht darauf gewagt. Tausend Dank dafür!

Ich danke meinen Kindern Pauline und Jonas, die ich immer als moralische und interessierte Stütze hinter mir weiß, das ist mir ganz wichtig. Dir, lieber Jonas, danke ich insbesondere, da es deine Anregung war, den hessischen Weihnachtssong aus *Suzie and the Handcheese* tatsächlich aufzunehmen und herauszubringen. Eine großartige Idee, die ich dank der wunderbaren Unterstützung von Henni Nachtsheim und Gerd Knebel von Badesalz, dem Komponisten, Musiker und Produzenten Niklas Kleber sowie der fantastischen Stimme von Kerstin Pfau, Sängerin der Rodgau Monotones, in die Tat umsetzen durfte. Nun wird sich zeigen, ob sich *Weihnachten am Main* von Suzie and the Handcheese im Radio, in den Kaufhäusern und auf den Weihnachtsmärkten gegen die üblichen Verdächtigen durchsetzen kann. Der Song ist auf allen gängigen Plattformen und Streamingdiensten erhältlich. Die Einkünfte, die ich damit bis zum Jahresende erziele, gehen an die KinderEngel RheinMain e.V.

Allen Leserinnen und Lesern wünsche ich von Herzen ein friedliches und gesundes Weihnachtsfest!

Auf den folgenden Seiten finden Sie weitere Bücher von Andreas Heinzel

Millionen Follower suchen einen neuen König.

Und finden ihn in Frankfurt.

Ein Roman, so spannend wie königlich amüsant.

ISBN 978-3-946413-09-7 – 210 Seiten – 10,70 €

Ein Bürgermeister will die Spiele.

Doch nicht alle wollen mitspielen.

Er hat Visionen. Doch er hat auch mächtige Gegner.

ISBN 978-3-947612-45-1 – 272 Seiten – 11,95 €

Frankfurt ist eine Satire wert.

Oder auch ein Dutzend.

Kleine und große Großstadtdramen.
Lustig, böse und bisweilen ganz schön schwarz.

ISBN 978-3-948987-06-0 – 252 Seiten – 12,- €